KULTUR-CAMPING

BAYERISCHE ALPEN

KULTUR-CAMPING

ULRICH FRANTZ

BAYERISCHE ALPEN

VOM ALLGÄU BIS
INS BERCHTESGADENER LAND

belser

INHALT

Märchenhaftes
Schloss Neuschwanstein

DER BAYERISCHEN SEELE AUF DER SPUR

UM ES GLEICH VORWEGZUNEHMEN: Für die Reise auf der knapp 500 Kilometer langen Deutschen Alpenstraße, der ältesten Ferienstraße Deutschlands, sollte man sich genügend Zeit lassen, um zwischen Bodensee und Königsee die bayerischen Seele kennenzulernen

Beeindruckende Landschaften, malerische Dörfer und spannende Geschichten sind garantiert. Alte Handwerkskunst wird erlebbar, die imposante Welt der Bayerischen Alpen zieht einen in den Bann, und natürlich trifft man überall auf kulturelle Kleinode und kulinarische Köstlichkeiten.

Besonders beeindruckend ist der Kontrast zwischen den Almwiesen und Hügellandschaften des Voralpenlands und den steilen Berggipfeln wie der Zugspitze, mit 2.962 Metern Deutschlands höchster Berg. Über 25 Burgen, Klöster und Schlösser entlang der Strecke legen Zeugnis von Bayerns Geschichte ab, wie zum Beispiel die „Märchenschlösser" Ludwigs II. Ganz zu schweigen von urigen Wirtshäusern und kleinen Brauereien, überraschenden Museen und vielen glasklaren Bergseen.

Doch nicht nur die Dichte an Sehenswürdigkeiten, auch die Streckenführung ist rekordverdächtig: der Abschnitt von Hindelang nach Oberjoch im Allgäu beispielsweise. Die „Oberjoch-Passstraße" ist mit 106 Kurven auf 300 Höhenmetern die kurvenreichste Straße Deutschlands und war schon im Mittelalter eine wichtige Verbindung über die Alpen. Auf eine spannende Geschichte blickt auch die Kesselbergstraße in Oberbayern zurück: Die 240 Höhenmeter, die mit durchschnittlich vier Prozent Gefälle den Walchensee mit dem Kochelsee verbinden, waren zu Beginn des 20. Jahrhunderts Austragungsort von Auto- und Motorradrennen. Das steilste Stück der Deutschen Alpenstraße hingegen kommt etwas weiter in Richtung Osten: Von Unterwössen im Chiemgau fährt man mit bis zu zwölf Prozent Steigung auf die Masereralm, bevor es nach Reit im Winkl wieder talwärts geht.

„Wer sich für die bayerische Lebensart interessiert, der ist hier genau richtig. Auf kaum einer anderen Route kann man die Landschaft und Kultur so intensiv erleben", schwärmt einer, der es wissen muss. Franz Reil war schon oft zwischen Bodensee und Königssee unterwegs, privat, aber auch beruflich als Projektleiter des Vereins „Bayerische Fernwege".

Die Idee einer Deutschen Alpenstraße wurde 1927 zum ersten Mal bei einer Versammlung von Fremdenverkehrsfunktionären präsentiert. Die Straße sollte die Quertäler der Alpen zwischen Bodensee und Kö-

Die Bayerischen Alpen: ein Wanderparadies

nigssee verbinden, um „die Schönheiten dieses landschaftlich hervorragenden Gebietes dem reisenden Publikum zu erschließen", so ein Zitat aus der damaligen Zusammenkunft, nachzulesen im Buch „Die Deutsche Alpenstraße – vom Bodensee zum Königssee" aus dem Jahr 1960. Der Vorschlag stieß zwar auf große Begeisterung, allen Beteiligten war aber durchaus bewusst, dass für eine durchgehende Queralpenstraße enorme Bauarbeiten nötig sein würden.

Blättert man im Archiv des ADAC Südbayern, wird schnell klar, warum die Anforderungen für den Bau der damals noch „Queralpenstraße" genannten Verbindung wirklich hoch waren: „Die Strecke sollte bequem und sicher zu befahren sein: mit einer breiten Fahrbahn, zügiger Linienführung und günstigen Steigungsverhältnissen. Auch hatte sie landschaftlich reizvoll zu sein und möglichst spektakuläre Blicke auf die schönsten Bergpanoramen zu gewähren", so die Vorgaben, die sich die Planer gegeben hatten.

Im November 1933 wurde mit dem ersten Streckenabschnitt zwischen Inzell und Ramsau im Berchtesgadener Land begonnen. „Hier kam alles zusammen, was die Deutsche Alpenstraße ausmachen sollte. Durch grandiose Berglandschaft führend, würde die neue Trasse eine noch relativ abgeschiedene Gegend leichter zugänglich machen. So ersetzte der Teil zwischen Mauthäusl und Schneizlreuth eine gewundene alte Staatsstraße mit bis zu 28 Prozent Gefälle. Um eine weitgehend gerade Streckenführung und ein Gefälle von elf Prozent zu erreichen, mussten gewaltige Mengen Fels beseitigt werden", so die eindrückliche Schilderung der schwierigen Bauarbeiten.

Heute ist die Verbindung zwischen Lindau und Schönau bestens ausgebaut. Eine lückenlose Beschilderung in beide Richtungen weist den Weg, der über mautfreie Straßen verläuft. Wer plant, die Deutsche Alpenstraße entlangzufahren, kann sich auf der Internetseite www.deutsche-alpenstrasse.de die GPS-Daten der Strecke herunterladen und auf sein Navigationsgerät übertragen. Dort gibt es auch eine ausführliche Broschüre, die alle Sehenswürdigkeiten und Orte entlang der Straße beschreibt. Prinzipiell gibt es keine Beschränkungen für Wohnmobilisten. Lediglich im Abschnitt zwischen Sudelfeld und Oberaudorf ist die Straße zum Teil verengt.

Natürlich ist man hier im Süden Bayerns eigentlich nie alleine unterwegs. Deshalb ist es ratsam, die Hauptreisezeit zu meiden, sind dann die „Hotspots" doch sehr überlaufen. Gerade am Wochenende vormittags, zu Beginn der bayerischen Schulferien und an Feiertagen ist viel Betrieb auf den Straßen, besonders nahe der Ballungsräume.

In jedem Fall sollte man sich Zeit lassen und die Etappenaufenthalte je Standort mit mindestens zwei bis drei Übernachtungen einplanen. „Frühling und Herbst eigenen sich besonders gut für eine Reise auf der Deutschen Alpenstraße", weiß Fachmann Franz Reil aus eigener Erfahrung. Ab Mitte April bis Ende Juni und ab September bis in den November hinein sei ein Besuch vieler Sehenswürdigkeiten entspannter als im Hochsommer. Dann könne man diesen einmaligen Landstrich zwischen Allgäu und Berchtesgadener Land in in aller Ruhe kennenlernen.

Das Angebot an Campingplätzen mit sehr guter Infrastruktur für Wohnmobilisten ist entlang der Alpenstraße üppig. Fast jede Gemeinde, die auf Tourismus setzt, hat mindestens einen preisgünstigen Stellplatz im Angebot. Rechtzeitige Buchung in den Hauptreisezeiten ist natürlich obligatorisch.

Apropos genießen: Wer mit dem Wohnmobil entlang der Bayerischen Alpen unterwegs ist, fährt durch einen sensiblen Naturraum. Ihn zu schützen sollte für alle, die dort unterwegs sind, eine Selbstverständlichkeit sein. Leider wird das „wilde" Parken außerhalb von Stell- und Campingplätzen zu einem immer größeren Problem.

Unterwegs mit dem Wohnmobil: staunen und genießen

Die Deutsche Alpenstraße: große Ingenieurskunst

„Urlaubsgäste sind uns natürlich willkommen", betont Fritz Rasp, Projektmanager im Bergsteigerdorf Ramsau, „aber leider zeigen die Erfahrungen, dass sich immer weniger an Verbotsschilder gehalten wird. Eine Entwicklung, die uns große Sorge bereitet." Er appelliert an die Urlauber, sich vernünftig und rücksichtsvoll gegenüber Natur und Mensch zu verhalten. Damit steht er nicht allein, bei vielen anderen Tourismus-Verantwortlichen in der Region findet sein Statement große Zustimmung.

Landschaften zum Durchatmen

Das Wohnmobil einfach auf dem ausgewiesenen Stellplatz stehen lassen, auf den Öffentlichen Nahverkehr umsteigen, sich vor Ort ein E-Bike mieten oder zu Fuß die Gegend erwandern – wer will, findet gute Alternativen für einen umwelt- und sozialverträglichen Urlaub inmitten einer herrlichen Landschaft.

Die beeindruckende Nagelfluhkette im Allgäu, das imposante Werdenfelser Land mit der Zugspitze und dem erstaunlichen Königsschloß am Schachen, das kleine, aber feine Franz-Marc-Museum in Kochel, der einladende Tegernsee und sein legendäres Bräustüberl, der für seine Blumenpracht gefeierte Geigelstein im Chiemgau oder die gewaltige Watzmann-Ostwand am atemberaubenden Königssee im Berchtesgadener Land – die Fahrt entlang der Bayerischen Alpen ist ein unvergessliches Erlebnis.

WISSEN & STAUNEN

Die Bayerischen Alpen erstrecken sich vom **BODENSEE** und den Allgäuer Alpen bis zum **KÖNIGSSEE** und den Berchtesgadener Alpen.

*

2.962 Meter hoch ist **DEUTSCHLANDS HÖCHSTER BERG**, die Zugspitze. Noch bedecken drei Gletscher einen Teil der bayerischen Gipfelregion, aber sie alle sind vom Klimawandel stark gefährdet.

*

Eine **KUNSTBEWEGUNG, DIE WELTRUHM ERLANGEN SOLLTE**, formierte sich Anfang des 20. Jahrhunderts in Sindelsdorf bei Murnau: „Der Blaue Reiter", der künstlerische Vertreter des deutschen Expressionismus wie Paul Klee, Wassily Kandinsky und Gabriele Münter verband.

*

Das „Bayerische Meer", der Chiemsee, ist der **GRÖSSTE SEE IN BAYERN**. Seine Uferlänge beträgt rund 70 Kilometer.

*

Bayerns „Märchenkönig" Ludwig II. ließ entlang der Bayerischen Alpen **FÜNF SCHLÖSSER** erbauen, darunter auch das Königshaus am Schachen auf 1.860 Meter Höhe.

*

Die Allgäuer Hochalpen sind mit einer Fläche von 20.724 Hektar **EINES DER GRÖSSTEN NATURSCHUTZGEBIETE** der Bundesrepublik Deutschland.

*

Bayern ist das bei Touristen beliebteste Bundesland. Im Tölzer Land läuft daher die Kampagne **„NATURSCHUTZ BEGINNT MIT DIR"**. Das Ziel: Gäste und Einheimische sollen miteinander respektvoll umgehen, aber auch Tier- und Pflanzenwelt schützen.

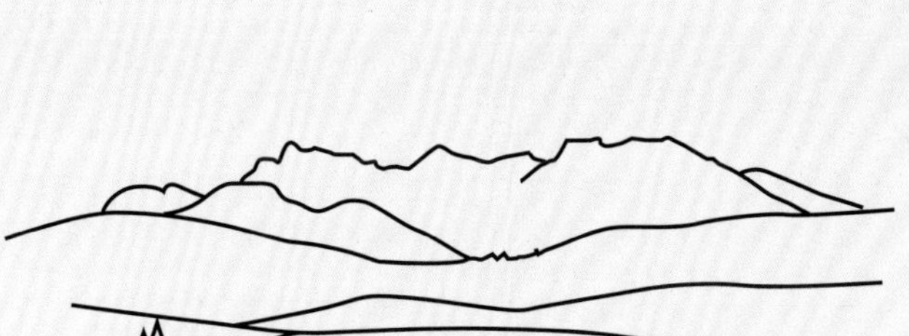

DAS ALLGÄU

DAS ALLGÄU

VON LINDAU NACH FÜSSEN

Ganz im Südwesten von Bayern gelegen, macht das Westallgäu gleich zu Beginn mit seinen imposanten Sehenswürdigkeiten, wunderschönen Landschaften und kulinarischen Spezialitäten Lust auf mehr. Und das alles in einer der sonnenreichsten Regionen Deutschlands.

DIE ERSTE ETAPPE BEGINNT an der „Bayerischen Riviera" und endet spektakulär: am Märchenschloss Neuschwanstein. Die Bezeichnung „Riviera" hat **Lindau** einer Mischung aus Jugendstil-Ambiente und italienischem Flair zu verdanken. Direkt am Bodensee, dem Schwäbischen Meer, sollte man sich auf alle Fälle Zeit für einen Bummel durch die bezaubernde Inselstadt nehmen. Natürlich gibt es einige Sehenswürdigkeiten wie den mittelalterlichen Mang-Turm, die Peterskirche mit ihren Fresken oder das gotische Rathaus mit der ehemaligen reichsstädtischen Bibliothek, die geradezu ein Muss sind.

Aber auch in den engen **Altstadtgassen** ❶ und unter den Arkaden kann man bemerkenswerte kleine Schätze finden: das **Auktionshaus** von Michael Zeller in einem prachtvollen Patrizierhaus oder das gemütliche **Buch-Café Augustin** von Eva-Maria Altemöller. Einen Besuch wert ist auf alle Fälle auch die **Marionettenoper**. 14 Puppenspieler ziehen dort im wahrsten Wortsinn die Fäden; im Stadttheater haben sie ihre feste Spielstätte.

Kein Stadtbummel ohne Spaziergang am Bodensee-Ufer, entlang der **„Bayerischen Riviera"**. Auf dem knapp sechs Kilometer langen Uferabschnitt reihen sich rund 30 noble Villen aneinander. Ausgelöst wurde der Bauboom vom bayerischen Prinz Luitpold, der 1848 die „Villa Amsee" als Sommer-Residenz erwarb. Zahlreiche Adlige und Großbürger folgten damals seinem Beispiel und errichteten eine luxuriöse Bleibe am Bodensee-Ufer. Am nächsten kommt man der Villen-Küste, wenn man sich ein Kajak oder ein SUP mietet und am Ufer entlangschippert.

Zurück ist es dann nur ein Katzensprung in die malerische Altstadt. Vom Marktplatz führt das

1 Lindauer Altstadt S. 14
2 Sennerei Bremen-ried S. 19
3 Naturpark Nagelfluh-kette S. 21
4 Kutschenmuseum in Bad Hindelang S. 29
5 Burgruinen bei Pfronten S. 35
6 Drei-Schlösser-Runde S. 35
MEMMINGEN
LEUTKIRCH
KEMPTEN
ISNY
WANGEN IM ALLGÄU
Deutsche Alpenstraße
FÜSSEN
IMMENSTADT
LINDAU
SONTHOFEN
BREGENZ
DAS ALLGÄU
HIGH LIGHTS
1
2
3
4
5
6

Willkommen in Lindau

„Kaffeegässle" zu einer weiteren kleinen Attraktion, die seit bald 100 Jahren zur Stadt gehört. Als Orientierung im Gewirr der Gassen reicht allein der verlockende Duft. Annähernd 70 Tonnen Kaffeebohnen aus 35 Ländern werden in der **Kaffeerösterei Hensler** im Lauf eines Jahres besonders lange und besonders schonend verarbeitet.

www.lindau.de

ATEMBERAUBENDE EIN- UND AUSBLICKE

Kurz nach Lindau startet die Panoramastraße gleich ziemlich spektakulär. Von **Sigmarszell** hoch nach **Scheidegg** schraubt sich die Deutsche Alpenstraße in Kehren auf knapp 800 Höhenmeter hinauf und eröffnet Blicke in das Naturschutzgebiet **Rohrachschlucht**. Hier hat sich der Rickenbach bis zu 200 Meter tief ins Gestein gegraben. Oben angekommen hat man dann den Sonnenbalkon des Allgäus erreicht. Rein statistisch scheint in der Marktgemeinde Scheidegg die Sonne mehr als 2.000 Stunden im Jahr, so viel wie sonst nirgends in Bayern. Aber um den Titel „sonnenreichster Ort" konkurrieren auch andere Gemeinden mit eigenen Berechnungen.

Scheidegg ist eine typische bayerische Gemeinde, entstanden als Haufendorf mit vielen landwirtschaftlichen Weilern ringsum. Deshalb hat Scheidegg mit seinen 4.300 Einwohnern auch gleich 51 Ortsteile – von A wie Alblers bis Z wie Zollamt –, die sich entlang der Grenze zu Vorarlberg auf einen breiten Bergrücken schmiegen.

Wie das gesamte Allgäu ist auch die Region Scheidegg ein Wanderparadies. Ein herrlicher Rundweg von etwa 20 Kilometern Länge, genannt der „Große Kapellenweg", verbindet gleich zehn besonders schön gelegene und allesamt sehenswerte kleine Gotteshäuser. Zwischendrin bleibt genügen Muße, den großartigen Ausblick entweder auf die Nagelfluhkette oder auf den Bodensee ausgiebig zu genießen. Und natürlich liegt auch eine der Attraktionen der Gemeinde, die **Wasserfälle**, direkt an der Strecke.

Neueren Datums ist eine weitere lohnenswerte Attraktion: der **Skywalk Allgäu**. Die spektakuläre Aussichtsplattform wird von der gemeinnützigen skywalk allgäu GmbH betrieben, einem Integrationsunternehmen, das mindestens 40 Prozent Menschen mit Behinderung beschäftigt. Er gehört zur Katholischen Jugendfürsorge der Diözese Augsburg (KJF), die es als Teil ihrer Aufgabe sieht, Menschen mit Behinderung eine berufliche Perspektive zu geben. Ein Projekt mit Vorbildcharakter.
www.skywalk-allgaeu.de

Nervenkitzel auf dem Skywalk

Ja, auch „Klein-Paris" liegt im Allgäu. So wurde **Lindenberg** zumindest vor dem Ersten Weltkrieg genannt. Damals war die Allgäu-Gemeinde das Zentrum der deutschen Hutindustrie. Es war wohl ein Lindenberger Pferdehändler, der aus Italien die Kunst des Strohhut-Nähens ins Allgäu brachte. Zunächst für den Eigenbedarf hergestellt, vor allem als Sonnenschutz

Entspannen am Scheidegger Wasserfall

„Klein-Paris" im Allgäu, das Lindenberger Hutmuseum

bei der Ernte und Arbeit, explodierte im Biedermeier die Nachfrage nach modischen Strohhüten. Bis zu acht Millionen Strohhüte wurden jährlich hergestellt.

Das klingt wie eine wirtschaftliche Erfolgsstory, ist aber letztlich vor allem der Not und dem Fleiß der unzähligen Heimarbeiterinnen zu verdanken, die unter prekären Bedingungen auf ein Zubrot angewiesen waren. Nach dem Ersten Weltkrieg begann der schleichende Niedergang der Strohhüte. Die örtlichen Fabrikanten setzten statt auf Stroh auf andere Materialien: Velours, Filz und Leder.

Im leerstehenden Gebäude der traditionsreichen Firma Ottmar Reich ist heute das **Deutsche Hutmuseum** untergebracht. Ein didaktisch großartig gemachter Spaziergang durch die spannende Geschichte der Hutmode, Handwerks- und Stadtgeschichte. Das alte Fabrikgebäude ist das neue Kulturzentrum der Stadt geworden, beherbergt auch noch ein Restaurant und vielfältig nutzbare Flächen für Kulturereignisse.
www.deutsches-hutmuseum.de

IM HEIRATS-UND KÄSEPARADIES

Weiler-Simmerberg wäre vermutlich bis heute ein kleines, verschlafenes Nest im Allgäu. Aber der beschwerliche Salzhandel von Tirol an den Bodensee mit Pferdefuhrwerken bescherte Simmerberg eine Salzfaktorei und damit auch Wohlstand. Die so genannte Rod-Ordnung legte genau fest, wie und von wem der Transport der Salzfässer erledigt wurde. Das „weiße Gold" durfte zum Beispiel nicht länger als zwei Tage am Stück transportiert werden; dann mussten die Fuhrleute zwei Tage Pause machen, natürlich in den Gasthäusern Simmerbergs, des einzigen Salz-Umschlagplatzes zwischen Immenstadt und Lindau. Heute ist Weiler-Simmerberg ein schmucker Flecken und wird von der „Film Commission Bayern" als Kulisse für dörfliche Filmaufnahmen angepriesen. Der großzügige **Kirchplatz** in Weiler ist ein echtes Schmuckstück, auf dem Markt kauft man hier gerne regionale Spezialitäten.

Und der Ort ist eine beliebte Hochzeits-Location geworden. Eheschließungen im historischen Rats-

TIPP
ERLEBEN

Wo es Käse gibt, gibt es Kühe, Wiesen und Wildkräuter. In fast jeder Allgäuer Gemeinde gibt es Kräuter-Wanderungen. Besonders sachkundig und empathisch machen das die Allgäuer Wildkräuterfrauen.
www.allgaeuer-kraeuterland.de

saal oder in einem der beiden örtlichen Museen locken Liebespaare an. Am Hausbach befestigen die Jungvermählten dann ein Vorhängeschloss als Zeichen ihrer ewigen Liebe, und der Schlüssel landet mit dem Ausspruch „Per sempre – für immer!" im Wasser.

Der Besuch einer Käserei ist natürlich Pflicht. Unter den vielen und qualitativ hochwertigen Käsereien muss eine besonders hervorgehoben werden: die **Sennerei Bremenried** in Weiler ②. Nicht nur, weil hier neben den traditionellen Bergkäse-Sorten auch der echte

Ewige Treue: Hochzeitsparadies Weiler-Simmerberg

Kulinarischer Hochgenuss: Allgäuer Emmentaler

Wellness à la Oberstaufen

Allgäuer Emmentaler hergestellt wird, sondern auch, weil man auf über 120 Jahre Erfahrung zurückblicken kann. Die Tradition des Käsens wird von Käsemeister zu Käsemeister weitergetragen. Doch eine Grundregel blieb bis heute: Es wird nur Milch von Kühen verarbeitet, die grasen und im Winter Heu fressen – die Heumilch.
www.kaese-bestellung.de

KUR-URLAUB MITTEN IM WILDEN ALLGÄU

Von Weiler-Simmerberg Richtung **Oberstaufen** wird es jetzt „paradiesisch". Seinen Namen verdankt dieser Aussichtspunkt dem wirklich beeindruckenden Panoramablick auf die Nagelfluhkette, die Vorarlberger und die Schweizer Alpen. Unterhalb liegt Oberstaufen, Synonym für Allgäuer Kur-Urlaub.

Die Gemeinde hat die **Schroth-Kur**, begründet von einem Naturheiler aus dem Sudetenland, zu einem Markenzeichen gemacht: Oberstaufen ist das einzige Schroth-Heilbad in Deutschland. Oft als „Semmel-Kur" verspottet, hat diese Art des Heilfastens immer noch viele Anhänger. Das verstaubte Image von sterbenslangweiliger Kur für Rentner mit Tanztee und Kurschatten hat Oberstaufen längst abgelegt. Heute geht es um aktives Erholen, Sport und Wellness. Junge und aktive Menschen sowie Familien sind das Zielpublikum. Wandern – Biken – Golfen – Schlemmen. Ein attraktives Programm in einer tollen Naturlandschaft.

Für passionierte **Mountainbiker** bietet die Route „Wildes Allgäu" eine tolle Tour, die in etwa sechs Stunden absolviert werden kann und mit immerhin knapp 1.000 Höhenmetern für Radler eine Herausforderung ist. Sie führt auf abwechslungsreichem Untergrund zunächst zum **Hochgrat** und von dort durch das wildromantische Ehrenschwanger Tal. Der Rückweg verläuft hoch über dem Konstanzer Tal und endet mit der Umrundung des Hündle. Landschaftlich besticht die Runde mit herrlichen Ausblicken auf die Gipfel der imposanten Nagelfluhkette.

E-Bike-Fahrer werden eher einen Ausflug ins westliche Allgäu bevorzugen und dabei den **Eistobel** bei Maierhöfen besuchen, ein Naturspektakel in der Nähe von Isny. Die Route führt entlang der Allgäuer Käsestraße durch schönste voralpine Landschaft.

Etwas ruhiger und entspannter geht es beim **Waldbaden** in Oberstaufen zu. Ebenso entspannend ist eine Wanderung im Sonnenuntergang mit unvergesslichen Blicken in die Berge. Und auch Golfer kommen in und um Oberstaufen auf ihre Kosten. Drei Plätze mit insgesamt 36 Loch stehen zur Auswahl – tolle Ausblicke beim Abschlag inclusive. Es gibt eine separate **Golf Card** für die Anlagen.

Gelebte Tradition und Handwerkskunst: die goldene Radhaube

Tradition und Moderne, in Oberstaufen schließt sich das nicht aus. Wie auch in den anderen Regionen im Allgäu hat die Brauchtumspflege hier einen hohen Stellenwert.

„Eine Tracht soll kein Museumsstück sein, sondern lebendige Gegenwart darstellen", so das Credo der Oberstaufener Brauchtumsvereine. Etwas sehr Besonderes ist da die Fest- und Sonntagstracht und ihre goldene, in filigraner Handarbeit gefertigte Radhaube. Sonja Schädler ist Haubenmacherin und stellt das einmalige Schmuckstück her. „Jede Radhaube misst etwa 30 Zentimeter im Durchmesser. Das stabilisierende Herzstück ist der Rahmen, der von einem Schmied gefertigt wird. Das Muster wird aus geklöppelter Goldspitze und Borte aus Golddraht zu einem Glanzstück verziert", erklärt sie. Alles in allem braucht es gut 200 Arbeitsstunden, bis die Radhaube fertig ist, um dann bei einem der zahlreichen Feste in ihrer vollen Pracht „ausgeführt" zu werden.

Wenn man hier Station macht, dann tut man das inmitten eines einzigartigen Landschaftsverbunds: nämlich im **Naturpark Nagelfluhkette** ❸. Seit mehr als zehn Jahren gibt es dieses deutsch-österreichische Projekt. Auf der gewaltigen Fläche von über 400 Qua-

HIGH LIGHT

❸ Die Nagelfluhkette: unterwegs in einer atemberaubenden Landschaft

dratkilometern erstreckt sich der Naturpark zwischen der deutschen Region Allgäu und dem österreichischen Vorarlberg. Oberstaufen ist das **Zentrum dieses Naturparks,** mehr als 160 Berge bilden das größte zusammenhängende Alpgebiet Bayerns.
www. nagelfluhkette.info

Die Landschaft ist atemberaubend, die Menschen sind herzlich, **Tiere** und **Pflanzen** besonders **artenreich** und **schutzbedürftig.** Ranger unterstützen das Team des Naturparks Nagelfluhkette. Sie sind Botschafter des Naturparkgedankens „Nützen und Schützen", es zählen unter anderem die Umweltbildung, Besucherinformation, geführte Wandertouren oder die Kontrolle der Wanderwege zu ihren Aufgaben.

Die wohl berühmteste Tour im Naturpark führt direkt über den Grat der **Nagelfluhkette.** Sie bietet einmalige Aussichten, sowohl ins Vorland als auch auf viele Alpengipfel. Unterwegs kann man alles erleben, was den Naturpark so einzigartig macht: wilde Nagelfluhfelsen, sanfte Alpweiden, geheimnisvolle Bergwälder und viele ansonsten selten gewordene Pflanzen und Tiere. Die Wanderung beginnt an der Bergstation der Hochgratbahn, auf 1.704 Meter Höhe, und führt über die Gipfel der Nagelfluhkette bis hin zur Bergstation Mittagbahn (1.420 m). Die Tour erfordert gute Kondition und führt durch alpines Gelände. Eine umfangreiche, sorgfältige Vorbereitung ist erforderlich. Achtung: mindestens sieben Stunden reine Gehzeit, also eine Unternehmung für erfahrene Bergwanderer.

Übrigens: Jeden Sommer heißt es in Oberstaufen und Umgebung wieder gemeinsam anpacken und aufräumen. Gäste wie Einheimische ziehen gemeinsam los, sammeln Müll auf Berggipfeln, entlang von Wanderwegen, an Flussufern – eben überall dort, wo Abfall hinterlassen wurde. Organisiert wird das Event von der Allgäuer Initiative „Patron Plasticfree Peaks".

Sonnenuntergang über der Nagelfluhkette

Gemütliches Radeln inmitten wunderbarer Natur

Offiziell will man in der Kurverwaltung Oberstaufen natürlich keine Werbung dafür machen – aber es hat sich längst herumgesprochen. Die **Buchenegger Wasserfälle** sind ein Hotspot für eine nicht ganz ungefährliche Sportart – Gumpenspringen. Wagemutige stürzen sich auf eigenes Risiko von den Felsen bis zu 30 Meter in die Tiefe in die Naturbadewannen. Eine solche Mutprobe ist natürlich nicht zur Nachahmung empfohlen, nur zum Zuschauen.

Wer unter professioneller Anleitung ein Outdoor-Abenteuer erleben will, der kann sich im Allgäu prima austoben. Rafting und Canyoning sind an und in einigen Flüssen und Bächen möglich. Die **Starzlachklamm** bei Burgberg etwa ist ein gutes Gelände für für Einsteiger und Könner. Ganz in der Nähe, in Blaichach, gibt es gleich zwei Anbieter für diese trendigen wie fordernden Sportarten.

A propos „Wasser und Austoben“: Auch der **Große Alpsee** bei Immenstadt ist eine gute Adresse. Man kann Tretboot und SUP fahren, segeln, surfen und kitesurfen, angeln oder einfach nur schwimmen und baden. Der größte Natursee des Allgäus liegt herrlich eingebettet inmitten von Wiesen, Wäldern und Bergen.

UNTERWEGS MIT DEM FAHRRAD

Südlichste Stadt Deutschlands, Internationale Alpenstadt, Fairtrade-Stadt, staatlich anerkannter Luftkurort seit 1919 – Alleinstellungsmerkmale hat **Sonthofen** viele. Eingebettet zwischen Iller und Ostrach, umgeben vom gewaltigen Gebirgspanorama der Oberallgäuer Berge, ist die Gegend um Sonthofen bis heute durch Viehzucht und Milchwirtschaft geprägt. Die

Im Mini-Mobil-Museum in Sonthofen

schmucken Weiler und hübschen Bergdörfer mit ihren gut erhaltenen und liebevoll gepflegten Bauernhöfen sind auf alle Fälle einen Abstecher wert.

Aber auch wer gerne wandert oder lieber mit dem Fahrrad unterwegs ist, hat hier eine große Auswahl. Gerade weil Sonthofen mit dem Prädikat „Radlstadt" wirbt, finden „Radl-Freunde" hier ein riesiges Wegenetz, aber auch Rad- und E-Bike-Verleih-Angebote, E-Ladestationen, ja sogar eine Radwaschanlage – und in der Stadtmitte stehen am Rathaus sogar kostenlose City-Bikes bereit.

Nein, die **Ordensburg** von Sonthofen ist keine historische Burg, sie prägt das Bild der Kleinstadt aber dennoch. Die Nazi-Größen hatten das markante Gebäude im Stil von Deutschordensburgen errichten lassen. Drei davon gab es im Deutschen Reich – einziges Ziel war die Rekrutierung einer neuen, dem Führer treu ergebenen Elite. Hardy Krüger war der prominenteste Zögling in Sonthofen. Bekanntermaßen wurde er bald danach zum bekennenden Antifaschisten. Die aufwendige Renovierung wird 2022 abgeschlossen sein.

Nicht unerwähnt bleiben dürfen aber drei eher ungewöhnliche Museen: das **Handschuh-Museum**, das **Schirm-Museum** und das **Mini-Mobil-Museum**. Das erste Handschuh-Museum Deutschlands präsentiert die Entwicklung der Handschuhgeschichte mit seltenen Exponaten aus dem Bereich Motorrad und Mode. In der liebevoll gestalteten Privatsammlung der Familie Braunmüller kann man Schirme im Wandel der Zeit von 1840 bis heute bewundern, und die über einhundertjährige Automobilgeschichte wird mit mehr als 23.000 H0-Modellen im Mini-Mobil-Museum lebendig.

Ein besonderes Museum hat **Bad Hindelang** natürlich auch. Aber dazu später. Erst einmal zur Erfolgsgeschichte „Ökomodell Hindelang" und der damit verbundenen Einzigartigkeit der Flora und Fauna rund um das Alpendorf. 80 Prozent der Gemeindefläche stehen unter Landschafts- oder Naturschutz.

NACHHALTIGKEIT STATT MASSENTOURISMUS

Als andernorts noch ziemlich rücksichtslos auf Wachstum um jeden Preis gesetzt wurde, entdeckte der Kurort im Ostrachtal schon vor 35 Jahren Nachhaltigkeit und Ökologie für sich als Alleinstellungsmerkmal. „Die Voraussetzungen könnten nicht besser sein – die Biodiversität und der großflächige Biotopverbund in Bad Hindelang sind einzigartig, die bäuerlichen Kleinstrukturen sind unverzichtbar und bieten mit ihren Produkten Klasse statt Masse", sagt Tourismusdirektor Maximilian Hillmeier.

Über 50 Bergbauern bewirtschaften heute ihre alpinen Wiesen traditionell nach strengen, eigens auferlegten Richtlinien. Unter anderem bedeutet das den vollkommenen Verzicht auf Kunstdünger sowie die Beschränkung auf maximal eine Kuh pro Hektar, um eine Überdüngung und Übernutzung der Wiesen zu vermeiden und die Ursprünglichkeit der Landwirtschaft zu erhalten.

Benedikt Beßler macht das seit vielen Jahren. Von Mitte Mai bis Anfang Oktober lebt und arbeitet er auf der **Sennalpe Mitterhaus**. Mit dabei 15 behornte Rinder, Kälber, Hühner und zehn Schweine. Sie alle gehören quasi zur „Familie". Käse, Butter oder Buttermilch – alles hausgemacht. In seiner Käseküche stellt Benedikt Beßler im Kupferkessel überm Holzfeuer die Produkte aus der Milch seiner Kühe her. Auch die Wurstspezialitäten auf der Alp stammen von den eigenen Tieren. „Nachdem wir in den letzten Jahren schon viele kleine Schritte in diese Richtung gegangen sind, freuen wir uns sehr, nun konsequent 100 Prozent Bio-Produkte anbieten zu können", erzählt Beßler stolz. So funktioniert nachhaltiges Wirtschaften auch auf gut 1.100 Höhenmetern. Den Ausflug aufs Mitterhaus – ob zu Fuß oder mit dem Rad – sollte man in die Urlaubsplanung also auf alle Fälle mit aufnehmen.

www.alpemitterhaus.de

GELEBTE UND GEPFLEGTE TRADITION

Zwei ganz besondere Auszeichnungen gab es 2016 für Bad Hindelang. Die Hochalpine Allgäuer Alpwirt-

Blick auf Bad Hindelang und seine herrliche Bergwelt

Ein etwas anderes Museum in Hinterstein

schaftskultur wurde in das Register „Guter Praxisbeispiele zur Erhaltung Immateriellen Kulturerbes" der UNESCO aufgenommen, und die Älpler mit dem „Heimatpreis Schwaben für besondere Verdienste um Kultur, Heimat und Brauchtum" geehrt. „Die Alpwirtschaft ist genau das, was die Menschen mit unserem schönen Heimatort besonders eng verbindet", unterstreicht Bürgermeisterin Sabine Rödel. Besonders die stetige Pflege der Bergregion durch die verantwortungsvolle und schwere Arbeit der Älpler habe die für das Oberallgäu so typische Kulturlandschaft bis heute bewahrt. „Eine Landschaft, die auch bei uns in Bad Hindelang die Basis für den Erfolg im Tourismus ist."

Neben der unverwechselbaren Naturlandschaft hat Bad Hindelang noch mehr zu bieten. Drei aktive Hammerschmieden zum Beispiel. Sie sind die **ältesten Gewerbebetriebe des Ostrachtals** und wohl auch die **ältesten Hammerschmieden Deutschlands**. Ihr Ursprung geht ins 15. Jahrhundert zurück. Damals wurde das in den Hintersteiner Erzbergwerken gewonnene Erz in den Schmieden vor allem zu Waffen verarbeitet. Die **heutige Produktpalette** umfasst natürlich keine Waffen mehr. Stattdessen werden Pfannen, Schaufeln sowie land- und forstwirtschaftliche Werkzeuge hergestellt. Wer ein **einzigartiges Andenken** an seinen Allgäu-Urlaub mit nach Hause nehmen möchte, findet dort das Richtige.

Sehenswert auch die **Kirche St. Jodokus**: Im vergleichsweise neuen Kirchengebäude aus den 1930er Jahren stößt man auf wertvolle Kunstschätze aus dem späten 15. Jahrhundert. Besonders sehenswert ist das **Gemälde „Madonna mit Kind"**, das 1493 von Hans Holbein dem Älteren gemalt wurde.

Wandern, Radfahren oder mit dem E-Bike die Gegend erkunden – rund um Bad Hindelang, das sich jetzt auch Fairtrade-Gemeinde nennen darf, gibt es natürlich für jeden Geschmack das Passende. Der **Steinadlerwanderweg** folgt den Spuren des Königs der Lüfte. Eher kontemplativ geht es auf dem **Jakobsweg** zu. Tatsächlich liegt Hindelang am berühmten europaweiten Wanderweg, der im spanischen Santiago de Compostela endet. Etwas ambitionierter sind die **ausgewiesenen Klettersteige** rund um den Ort oder die herrlichen Bergtouren auf die bis zu 2.600 Meter hohen Gipfel im **Hintersteiner Tal**.

Fehlt noch besagtes Museum, das **Kutschenmuseum** im Ortsteil Hinterstein ④. Etwas skurril und eher eine Ansammlung von verschiedenstem Allerlei, aber liebevoll zusammengestellt und aufgebaut. Mit den Außenexponaten – Schlitten und Kutschen mit lebensgroßen bekleideten Puppten, präparierten Tieren wie Wolf, Fuchs, Pferd, Bär, ja sogar künstlichem Schnee – eine kurzweilige Sache. Eintauchen in eine Traumwelt von Fantasie und Schönheit – über Jahrzehnte von Martin Weber zusammengetragen – zum Durchlaufen und vor allen Dingen zum Staunen – aber bitte nicht anfassen, auch wenn's schwerfällt!
www.hinterstein.de/unser-dorf/erleben/kutschenmuseum

105 KURVEN INS AUTOFAHRER-GLÜCK

Am Ortsende von Bad Hindelang wartet dann bei der Weiterfahrt Richtung Nesselwang und Pfronten der **Oberjochpass**. Ein besonderes Fahrvergnügen: sechs Kilometer Länge und über 105 Kurven, Serpentinen und Kehren. Ein ganz spezieller Pass, finden hier doch alljährlich im Herbst das berühmte „Jochpass Oldtimer Memorial" statt. Ein Autorennen der besonderen Art!

Das erste Jochrennen starte am 16. September 1923, mitten in der Inflationszeit – zu Beginn nur für Motorräder und auf ungeteerter Straße. Mit dabei auch eine Frau: Ada Otto aus der Münchner Motoren-Dynastie. 80 Piloten waren am Start, aber Ada Otto fuhr die schnellste Zeit. Bis zum September 1930 gab es dann jedes Jahr packende Rennen, bevor die Wirtschaftskrise und der Zweite Weltkrieg für das Aus sorgten. Heute ist aus dem reinen „Bergrennen" eine sehenswerte „Oldtimer-Veranstaltung" geworden. Ein echter Augenschmaus für Motorsport-Begeisterte.

GESCHMÜCKTE KÜHE UND VEGANE KÜCHE

Apropos Augenschmaus: Im Allgäu ist der **Viehscheid** ein Feiertag. Beginnt der Herbst, kehren die Schumpen, so wird das Jungvieh im Ostallgäu genannt, von den Bergwiesen zurück ins Tal, fein herausgeputzt, versteht sich. Das Vieh bekommt eigene Schellen, die einen ganz besonderen Klang haben. Ist der Bergsommer unfallfrei verlaufen, wird das schönste Tier mit einem aufwändigen, wunderschönen Kopfschmuck aus Bergblumen geschmückt.

Herausgeputzt: die prächtig geschmückte Kranzkuh

Ein Meister seines Fachs: Schuhmacher Markus Nöß

Ob in Bad Hindelang, in Nesselwang oder Pfronten – der Hirte führt die Kranz-Kuh an der Spitze der Herde stolz und glücklich auf den sogenannten Scheidplatz, auf dem sie von ihren Besitzern in Empfang genommen wird. Die Rückkehr wird dann mit einem zünftigen, mehrtägigen Herbstfest gefeiert – Heimatabend inklusive. Und natürlich tragen die Männer dann auch hier im Allgäu ihre Lederhosen mit bestickten Hosenträgern und die Frauen ihre wunderschönen, farbenprächtigen Dirndl.

Zur Männertracht gehört natürlich der traditionelle Haferlschuh. Markus Nöß bietet Workshops für Haferlschuhe an. Unter Anleitung eines erfahrenen Allgäuers werden diese ganz speziellen, zwiegenähten Trachtenschuhe hergestellt: Aufzwicken, das Zwienähen, Einstechen und Aufdoppeln, Bodenarbeiten – jeden Arbeitsschritt macht man selbst. Ein gewisses handwerkliches Können ist jedoch Voraussetzung! Natürlich stehen Markus Nöß und sein Kollege, beide erfahrene Orthopädie-Schuhmachermeister jederzeit mit Rat und Tat zur Seite. Persönlicher und wertiger kann ein Schuh kaum sein. Ein kleiner Wermutstropfen: Eine Anmeldung ist zwingend erforderlich, und gut sechs Wochen vorher sollte man vorbeikommen, damit der Fußabdruck genommen werden und der entsprechenden Leisten hergerichtet werden kann.
www.gesunde-schuhe-noess.de

Schon einmal von einer „vegetarischen Hütte" gehört? Die Hündeleskopfhütte oberhalb des Pfrontener Ortsteiles Kappel ist eine von bisher zehn in den Alpen. „Unsere Zutaten stammen vom Naturkostladen um die Ecke, von regionalen Bauern mit biologischem Anbau und einer gentechnikfrei zertifizierten Sennerei, die nur Milch von Gras und Heu fressenden Kühen verarbeitet", erzählt Hüttenwirtin Silvia Beyer voller Überzeugung. Und auch der Kaffee stamme aus fairem, biologischem und nachhaltigem Anbau.

Hüttenwirtin aus Leidenschaft: Silvia Beyer

ÜBERNACHTUNGS-TIPP

MIT UNGETRÜBTEM BLICK auf die Milchstraße einschlafen und mitten in den Allgäuer Bergen mit den ersten Sonnenstrahlen aufwachen: Auf dem Breitenberg verbringen Naturfreunde zwischen Juni und September auf rund 2.000 Metern „Eine Nacht unter Sternen" im Schlafsack. Da Wildcampen und geplantes Biwakieren strengstens verboten sind, bietet Pfronten Tourismus gemeinsam mit den Bergprofis vom ortsansässigen Waldseilgarten Höllschlucht Gästen die einmalige Möglichkeit, die Bergwelt bei Nacht zu erleben ohne dabei die Natur und Tierwelt zu stören. Und das mit jeder Menge Komfort, denn die nahegelegene Ostlerhütte rundet das Naturerlebnis mit einem leckeren Abendessen ab.

www.pfronten.de/aktiv/outdoorerlebnisse/
aussergewoehnlich-uebernachten-allgaeu

Eintauchen ins Mittelalter bei Pfronten

Täglich wird neben klassischen Allgäuer Heimatgerichten ein warmes veganes Gericht angeboten. Immer auf der Brotzeitkarte: das beliebte „Vegabrot" mit hausgemachten veganen Aufstrichen und knackigen Gemüsestreifen. In einer knappen Stunde erreichen Wanderer auf direktem Weg die Hündeleskopfhütte zu Fuß von allen Seiten. Oben angekommen, bietet sie ein phantastisches Bergpanorama der Voralpenlandschaft bis zu den Allgäuer, Tannheimer und Ammergauer Alpen.
https://huendeleskopfhuette.de

VENEDIG IM ALLGÄU

Der Breitenberg prägt zusammen mit dem markanten Aggenstein die eindrucksvolle Bergkulisse Pfrontens. Mystisch thronen sie über der Gemeinde. Für die Menschen waren die Berge früher faszinierend und beängstigend zugleich. Über die Jahrhunderte entstanden zahlreiche Sagen, mit denen man versuchte, sich die Landschaft zu erklären.

Auf dem Aggenstein soll es sogar ein Schloss geben, das **Venedigerschloss**. Im Mittelalter kamen Geologen aus Venedig bis ins Allgäu, um nach Edelsteinen, Mineralien und Erz für die Glasproduktion zu suchen. Ihr fundiertes Wissen war den Einheimischen unheimlich, also schrieb man ihnen übernatürliche Kräfte zu, und sie wurden kurzerhand Teil der örtlichen Sagenwelt. Und so erzählte man sich, dass die Venediger hier ein herrliches Schloss haben sollen. Alle sieben Jahre kann ein Mensch es sehen – und wenn er Glück hat, sieht er auch den Venedigerkönig.

Auf der anspruchsvollen Tageswanderung „Sagengipfel" begeben sich Bergfexe auf die Spuren der Venediger in den Tannheimer Bergen. Durch die wilde und ursprüngliche Schlucht der Reichenbachklamm mit Wasserkaskaden, moosbewachsenen Felsen und einem großen, rauschenden Wasserfall verläuft der Weg unterhalb des Aggensteingipfels bis zur Ostlerhütte auf den Breitenberg. Zurück ins Tal geht es dann über den Kamm des Breitenbergs.

Almwiesen in voller Pracht

GESUNDE BERGWIESEN UND IMPOSANTE BURGRUINEN

Unten in **Pfronten** kann man die 13 Ortsteile natürlich auf eigene Faust erkunden, oder man lässt sich gleich von Wanderführer Mathias Eckart die Geschichte erzählen. Insgesamt drei verschiedene Wanderungen durch den Ort stehen bei ihm auf dem Programm – bei allen geht es um die historische Vergangenheit des Ortes, so auch um die Feinmechanik.

Denn wer würde vermuten, dass der Ursprung der Metallindustrie hier liegt? „Die Leute waren schon immer Tüftler und stellten in ihrer Freizeit dringend benötigte Gegenstände und Werkzeuge her. Präzision und Erfindungsreichtum steckten ihnen quasi in den Genen", erfährt man von Mathias Eckart. Anfang des 19. Jahrhunderts etablierten die Gebrüder Haff ihre Werkstatt zur Herstellung mathematischer Instrumente wie Zirkel und Chronometer und setzten damit den Grundstein für den heute wichtigsten Wirtschaftszweig im Allgäu.

Ein „Pfund", mit dem die Pfrontener seit Jahren wuchern können, ist ihr Heu. Im Grunde ist die Erkenntnis der Heilkraft des Bergwiesenheus nicht neu, denn bereits vor Jahrhunderten wussten die Holzknechte und Bergbauern, dass Heu nicht nur dem Vieh guttut. Wenn sie nach der Schwerstarbeit im Heustadel übernachtet hatten, erwachten sie am nächsten Morgen ohne Muskel- und Gelenkschmerzen.

Das fein geschnittene Heu stammt von unbeweideten, ungedüngten Almwiesen, die fast 1.000 Meter hoch liegen. Über 70 Heilkräuter, -blumen und -pflanzen mit mannigfaltigen Wirkstoffen wie z. B. Bergarnika, Thymian, Blutwurz oder Johanniskraut stecken darin. Nach der Mahd im Juli wird es getrocknet, für einige Zeit im Heuschober gelagert, dann destilliert und später für Wohlfühlbehandlungen genutzt, etwa für Heuwickel, Kompressen und Heustempelmassagen.

ABENTEUER-TIPP

WIE EIN ADLER Ein kurzer Anlauf, und dann 900 Meter ... nichts! Tandemflüge vom Tegelberg bei Schwangau gehören zu den spektakulärsten Abenteuern im Allgäu. Bei entsprechender Thermik startet man in 1.700 Meter Höhe mit Blick auf die Seen und Füssen, um dann über Neuschwanstein zu kreisen und an der Talstation wieder Boden unter die Füße zu bekommen. Weil der Tegelberg ein Hotspot ist, gibt es mehrere Anbieter, allesamt geprüfte Piloten. Frühmorgens fliegt man übrigens günstiger.

www.flugschule-tegelberg.de

Das Bergwiesenheu findet auch Einsatz als Schlafunterlage bei Übernachtungen im Heubett oder im Heustadl.

Apropos Heustadl: Bei einer Wanderung auf dem **Bergwiesenpfad** kommt man am alten Pfrontener Wiesheustadel vorbei, heute ein kleines Heumuseum. Alte Fotografien, Handwerks- und Erntegeräte zeigen, wie beschwerlich die Arbeit der Allgäuer Bergbauern gewesen ist. Ein besonderes Augenmerk liegt dabei vor allem auf der Ernte des kostbaren Bergwiesenheus und dem schonenden Transport ins Tal.

Für Mittelalterfans ein Muss, der Besuch zweier mächtiger Burgruinen: **Eisenberg** und **Hohenfreyberg** **5**. Ein eindrucksvoller Blickfang innerhalb der sanften Hügellandschaft. Hohenfreyberg ist eine der größten Burgruinen Bayerns und wurde im 15. Jahrhundert erbaut. Die Ruine Eisenberg direkt daneben ist etwas älter. Beim Anblick der beiden Burganlagen ist es nicht schwer, sich vorzustellen, wie die Ritter und Burgfräulein dort einmal gelebt haben. Vom Burgenverein Eisenberg und der Gemeinde professionell saniert, sind beide Burgruinen heute frei zugänglich.

Schloss Hohenschwangau und Schloss Neuschwanstein

DER MÄRCHENKÖNIG UND SEINE SCHLÖSSER

Ein derartiges Relikt aus früheren Zeiten hat Füssen zwar nicht, aber laut Online-Suchanfragen ist das schmucke Städtchen die beliebteste Kleinstadt Deutschlands! Aber machen wir uns nichts vor – Füssen ist vor allem wegen einer Sehenswürdigkeit weltbekannt und beliebt: In unmittelbarer Nähe steht Schloss Neuschwanstein, das Märchenschloss, das für König Ludwig II. erbaut wurde. Aber auch Füssen selbst hat einiges zu bieten, zum Beispiel eine schöne Altstadt und eine gut erhaltene Stadtmauer. In der Umgebung locken zahlreiche Seen und Wanderwege.

Neuschwanstein, Hohenschwangau, Hohes Schloss – wunderbar beschrieben im Füssener Blog mit dem sehr passenden Namen „Anderszeit". Ein wahres Schatzkästchen mit guten Geschichten, spannenden Begegnungen und lohnenswerten Tipps für ein paar Tage Urlaub rund um den herrlichen Forggensee **6**.

HIGH LIGHT

6 Drei-Schlösser-Runde: Wandern auf den Spuren Ludwigs II.

Im Benediktinerkloster St. Mang

„Kein Weg, keine Abzweigung, die König Ludwig, seine Mutter Königin Marie von Bayern oder auch ‚nur' ein Angestellter des Königshauses hier nicht schon einmal durchstreift hätten – zu Fuß, auf dem Pferd oder später des Nachts in einer der pompösen Kutschen" – eine von vielen, kleinen, hübschen Anekdoten auf dem Weg zu den drei Schlössern. 5,5 Stunden Gehzeit – für die Runde braucht es Kondition und gutes Schuhwerk, am besten Wanderschuhe. Startpunkt der Runde ist Füssens pittoreske, mittelalterliche Altstadt. Vom Hohen Schloss geht es dann über den Lech hinauf zum Kalvarienberg. Die Eltern von König Ludwig II. finanzierten den Aufbau mit, und die gläubige Königin Marie soll während der Arbeiten bei jedem Besuch einen Ziegelstein zur Baustelle hinaufgetragen haben. Oben auf der Aussichtsplattform ist der Blick auf die Schlösser, die Altstadt und in den Schlosspark mehr als eindrucksvoll.

Weiter geht es zum **Schwanseepark** und zum **Alpsee**. „Hier lauschte der Märchenkönig an seinem 18. Geburtstag einem Überraschungskonzert von Richard Wagner. Dieser versteckte das Orchester im Gebüsch und ließ einen Freund Ludwigs als Lohengrin in einem goldenen Nachen über den See ziehen", kann man im „Anderszeit" nachlesen. Über **Hohenschwangau**, die zweite Heimat für Ludwig, wandert man dann zum „Schloss der Schlösser", nach Neuschwanstein. Und zwar in diesem Fall über die wilde

TIPP
GENUSS

Für den, der es kulinarisch mag, ist die Füssener Markthalle die richtige Anlaufstelle. Es gibt zwar nur sechs Stände. Aber ob ofenfrisches Brot, Gesundes aus der Region oder Spezialitäten aus den Nachbarländern, man kann entspannt einkaufen oder sich einfach nur zum Kaffee treffen.
Schrannengasse 12, 87629 Füssen

Bummel in der Füssener Altstadt

Pöllatschlucht. Diese ist kein offizieller Teil der Drei-Schlösser-Runde, aber sehr imposant und lohnenswert. Direkt über der Schlucht thront das Schloss auf einem senkrecht abfallenden Felsen – einfach überwältigend. Zurück nach Füssen geht es dann über den Alpenrosenweg, einen leichten Höhenweg mit fantastischen Blicken oberhalb des Schwanseeparks.

Berühmt geworden ist Füssen aber auch durch seine Lauten- und Geigenmacher. 1562 wurde die erste Lautenmacherzunft Europas gegründet. In der Barockzeit entwickelte sich der Ort dann zum wichtigsten Zentrum des deutschen Geigenbaus. Doch diese Geschichte ist auch eine Geschichte der Arbeitsmigration. Hunderte von Lauten- und Geigenmachern wanderten aus, um an Fürstenhöfen und in den großen europäischen Kulturmetropolen wie Prag, Lyon oder den oberitalienischen Städten neue Werkstätten zu gründen. Heute erinnert an diese Epoche eine der europaweit schönsten Sammlungen historischer Lauten und Geigen im Museum der Stadt Füssen, beherbergt im Benediktinerkloster St. Mang mit seinen prachtvoll dekorierten Barocksälen. Auch in puncto Kur- und Gesundheitsurlaub kann man hier auf eine mehr als hundertjährige Tradition blicken. Füssen hat sich der Kneipptherapie verschrieben – „zeitgemäß interpretiert", wie es so schön heißt. Dazu gehört die im Hopfensee schwimmende Kneippinsel, eine durch alle Ortsteile führende knapp 25 Kilometer lange Kneipp-Radrunde und natürlich eine Vielzahl von Tret- und Armbecken sowie Bewegungsparcours.

Bevor es dann auf der Alpenstraße weiter zu Deutschland höchstem Berg geht, sollte man noch einen Besuch im **Festspielhaus** einplanen. Spektakulär ist die Lage direkt am Forggensee auf einer eigens dafür angelegten künstlichen Halbinsel – drei Monate lang wurden dafür täglich 480 Lastwagenladungen Kies aufgeschüttet. Gewaltig auch die Dimensionen des Theaters mit 159 Meter Länge, 31 Meter Höhe und 1.350 Sitzplätzen. Inspiriert von Schloss Neuschwanstein, gerade einmal 4.000 Meter Luftlinie entfernt, schuf die Architektin Josephine Barbarino ein Bauwerk, das die romantischen Traumwelten Ludwigs mit seinem Faible für technischen Fortschritt vereint! Und dem Märchenkönig zu Ehren steht natürlich – neben anderen – ein eigens für ihn geschaffenes Musical auf dem Spielplan, das „Ludwig²-Musical".

Abendstimmung am Forggensee

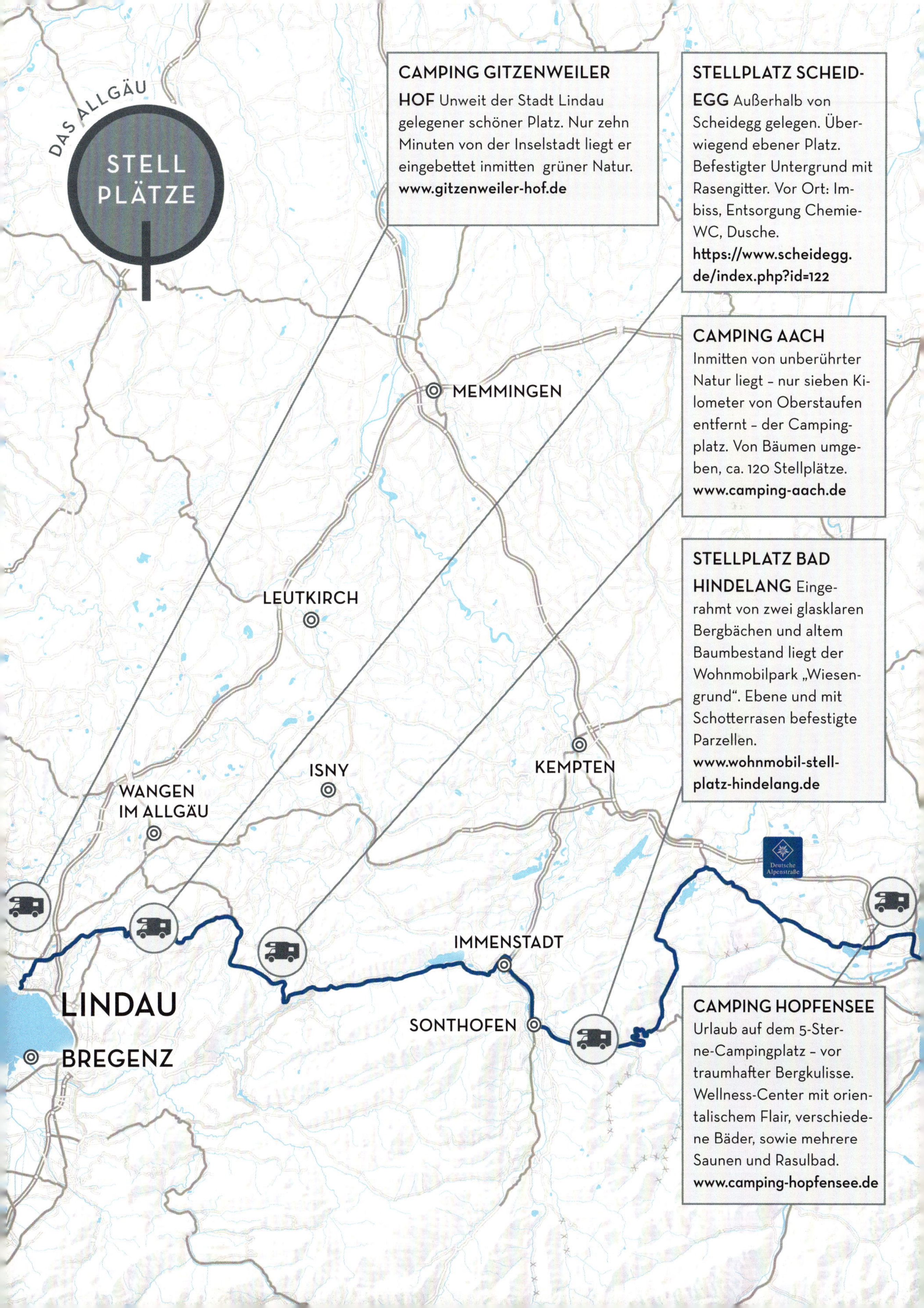

CAMPING GITZENWEILER HOF Unweit der Stadt Lindau gelegener schöner Platz. Nur zehn Minuten von der Inselstadt liegt er eingebettet inmitten grüner Natur.
www.gitzenweiler-hof.de

STELLPLATZ SCHEIDEGG Außerhalb von Scheidegg gelegen. Überwiegend ebener Platz. Befestigter Untergrund mit Rasengitter. Vor Ort: Imbiss, Entsorgung Chemie-WC, Dusche.
https://www.scheidegg.de/index.php?id=122

CAMPING AACH
Inmitten von unberührter Natur liegt – nur sieben Kilometer von Oberstaufen entfernt – der Campingplatz. Von Bäumen umgeben, ca. 120 Stellplätze.
www.camping-aach.de

STELLPLATZ BAD HINDELANG Eingerahmt von zwei glasklaren Bergbächen und altem Baumbestand liegt der Wohnmobilpark „Wiesengrund". Ebene und mit Schotterrasen befestigte Parzellen.
www.wohnmobil-stellplatz-hindelang.de

CAMPING HOPFENSEE
Urlaub auf dem 5-Sterne-Campingplatz – vor traumhafter Bergkulisse. Wellness-Center mit orientalischem Flair, verschiedene Bäder, sowie mehrere Saunen und Rasulbad.
www.camping-hopfensee.de

Kulinarik im Allgäu

Schmackhafter Bergkäse aus der Käserei „Obere Mühle"

Von der Spitzengastronomie bis zur bodenständigen, regional fein austarierten Küche bietet das Allgäu jedem etwas – ob auf einer gemütlichen Alpe, in der urigen Brauereiwirtschaft, im gutbürgerlichen Landgasthof oder Sternerestaurant.

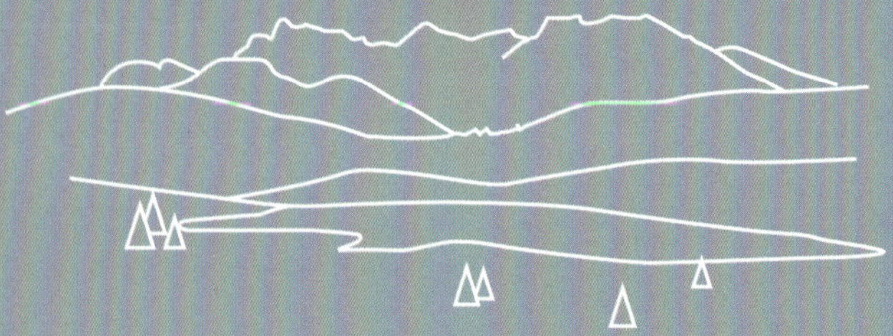

OBERE MÜHLE

Direkt an der Ostrach gelegen, ist die **Obere Mühle** für Feinschmecker eine feste Adresse. Oliver Eggers regionale, mit mediterranen Inspirationen durchzogene Küche bietet verschiedene, lokale Schmankerl, aber auch ausgezeichnete Fisch-Cuisine. Seine Alpen-Trilogie aus Käsknödel, Kässpatzen und Maultasche – unverwechselbar. Ein „Muss" auch das Dessert – Chefin Ursula Egger-Rohrmoser versteht sich perfekt darauf. Vor 500 Jahren eine Sägemühle, heute Restaurant samt Käserei und kleinem Heimatmuseum, in dem man das eine oder andere antiquarische Stück sogar kaufen kann.
www.obere-muehle.de

Sternekoch Simon Schlachter in seinem Element

Lust auf Kässpatzen?

RESTAURANT PAVO

Unterhalb der Burgruine Falkenstein im **Restaurant Pavo** kreiert Bayerns jüngster Sternekoch seine saisonal und regional fein abgestimmten Gerichte. Simon Schlachter ist schon viel herumgekommen und hat von der Lehre an zehn Jahre in renommierten Sterneküchen in München, Hamburg, Zürich und Konstanz gearbeitet, bevor es ihn zurück in den elterlichen Betrieb und nach Hause ins Allgäu zog. „Zuhause in den Küchen der Welt, das Herz verwurzelt im Allgäu", so sein Credo, das dem 28-Jährigen einen Michelin-Stern einbrachte.

www.burghotel-falkenstein.de

ZUM LUSTIGEN HIRSCH

In der Immenstädter Gastronomie dreht sich natürlich vieles um den Käse. Unverzichtbar sind die Kässpatzen, die sogar mit bestimmten Ritualen gefeiert werden. So bietet das Wirtshaus **„Zum lustigen Hirsch"** in Akams jeden Donnerstag einen Kässpatzenabend an. Am alten Ofen, mitten in der Gaststube und vor den Augen der Gäste, bereitet der Chef persönlich die Spatzen zu. Im Hofladen gibt es zudem hausgemachte Köstlichkeiten wie selbstgebackenes Brot, Marmelade oder auch frisches Rindfleisch aus eigener Haltung im Direktverkauf.

https://lustiger-hirsch.de

I
DIE ZUGSPITZ-REGION

DIE ZUGSPITZREGION

Markante Gipfel, herrliche Moore, tosende Bäche, klare Seen und blumenreiche Täler – schon der bayerische König Ludwig II. war von der Landschaft rund um die Zugspitze, Deutschlands höchsten Berg, mehr als begeistert

NATURPARK AMMERGAUER ALPEN Ob **Oberammergau** 1 je so weltberühmt geworden wäre ohne die Passionsspiele? 1632 suchte die Pest Oberammergau heim, 1633 hatte fast jede Familie Tote zu beklagen. Pestkranke gelobten, in jedem zehnten Jahr das Leiden und Sterben Christi aufzuführen, wenn nun niemand mehr an der Pest sterben sollte. Pfingsten 1634 war es dann soweit. Erstmals fand das „Spiel vom Leiden, Sterben und Auferstehen unseres Herrn Jesus Christus" statt auf einer Bühne, die auf dem Pestfriedhof über den Gräbern errichtet worden war.

Oberammergauer Passion

Seitdem sind die Oberammergauer alle zehn Jahre aufs Neue mit großem Engagement dabei, wenn es darum geht, ihr Versprechen einzulösen. Und seit Christian Stückl vor über 20 Jahren die Leitung übernahm, kommen die **Passionsspiele** in einem zeitgemäßen Gewand daher. 1990 wurde der 27-jährige Bildhauer überraschend als jüngster Spielleiter aller Zeiten gewählt.

DAS SPIEL VOM LEIDEN CHRISTI

Sein großes Anliegen, der Kampf gegen den Antisemitismus: „Er blüht immer wieder auf", sagt Christian Stückl. Auch in den Passionsspielen hat er die Stigmatisierung dieses Glaubens gefunden. Das wollte er ändern, wollte den Antijudaismus entfernen aus den Texten, Gebeten, Kostümen. Die Passion reformieren und öffnen – gegen alle Widerstände.

Rund 5,5 Stunden dauert das Stück im 1830 eigens errichteten Festspielhaus. Eine längere Pause sollte man nutzen, um sich in einem der schönen Wirtshäuser rund um das Passionstheater zu stärken.

Die Eingangstür steht offen, drinnen hölzerne Bänke und Stühle, kombiniert mit Loden, Filz und anderen hochwertigen Stoffen – reine Handarbeit. „Unsere

1 Oberammergau S. 46
2 Kloster Ettal S. 50
3 Königsschloss am Schachen S. 55
4 Die Zugspitze S. 56
5 Bergwelt Karwendel S. 59
SCHONGAU
PENZBERG
STAFFELSEE
KOCHELSEE
WALCHENSEE
Deutsche Alpenstraße
GARMISCH-PARTENKIRCHEN
MITTENWALD
DIE ZUGSPITZREGION
HIGH LIGHTS
1
2
3
4
5

MUSEUMS-TIPP

DAS 1910 ERÖFFNETE und in weiten Teilen authentisch erhaltene Oberammergau Museum ist eines der schönsten kulturhistorischen Museen Bayerns. Die feinsinnige Sammlung zeigt vielfältige Ausschnitte der Kunst und des Kunsthandwerks vom 17. Jahrhundert bis in die Moderne. Liebevoll geschnitzte Krippen, bunt bemaltes, historisches Spielzeug, aber auch zeitgenössische Bildhauerei schaffen ein beeindruckendes Gesamtbild des künstlerischen und handwerklichen Könnens über mehrere Jahrhunderte. Der Charme der Ungekünsteltheit der historischen Präsentation überrascht und überzeugt auch im Vergleich mit neu erbauten Museen.

www.oberammergaumuseum.de

Kulinarik vom Feinsten: Spinatpfannakuacha

Einrichtung ist wie unsere Gerichte: traditionell geprägt und zeitgemäß weiterentwickelt", erzählt Inhaberin und Küchenchefin Steffi Bauer sichtlich stolz. Im **„Mundart"** bietet sie den Gästen eine etwas andere bayerische Küche. Weg vom Braten mit Knödeln, hin zu leichten und raffinierten Gerichten. „Mir ist es wichtig, dass man aus den üblichen Regionalprodukten auch andere Speisen zubereiten kann, als es die meisten gewohnt sind. Kochen hat viel mit Kunst zu tun", erklärt Steffi Bauer, die schon in der Sternegastronomie gearbeitet hat – aber auch als Sennerin auf einer Alm!

GELEBTE HANDWERKSKUNST

Original. Regional.Authentisch. Echte Unikate – das trifft im Werdenfelser Land auch auf etliche **Handwerksbetriebe** zu. „Inser Hoamat" nennt sich der Zusammenschluss von Herstellern, die hier verwurzelt sind und ihr unverfälschtes Handwerk ausüben. Ein großer Gewinn für die gesamte Region und nichts anderes als wertvolle „Heimat-Pflege".

Dazu gehört auch der **Schnürlkasperl**. Bunte hölzerne Figuren mit zwei Gesichtern, traditionell, aber durchaus für den heutigen Betrachter interpretiert. Seit über 30 Jahren schnitzt Markus Wagner seine Schnürlkasperl und führt so eine für Oberammergau prägende Tradition fort. Als Ort der „Herrgottsschnitzer" galt es als eines der wichtigsten Zentren alpenländischer Schnitzkunst im Bereich der sakralen Holzbildhauerei, geprägt von den Passionsspielen.

Im 18. und 19. Jahrhundert spielte dann auch die Herstellung profaner Holzwaren eine immer größere Rolle. Die Zeit der „Fadengaukler" oder „Schnürlkasperl" war gekommen. Reines „Kinderspielzeug" waren sie nie, vielmehr versteckte sich in vielen Figuren auch ein subversiver bäuerlicher Spott. So zeigt ein Fadengaukler im Oberammergauer Heimatmuseum seine zwei ganz unterschiedlichen Gesichter: Soldat und Harlekin. Ob Legendenbildung oder Historie, um ihn rankt sich die

Handwerkskunst vom Feinsten: Schnürlkasperl

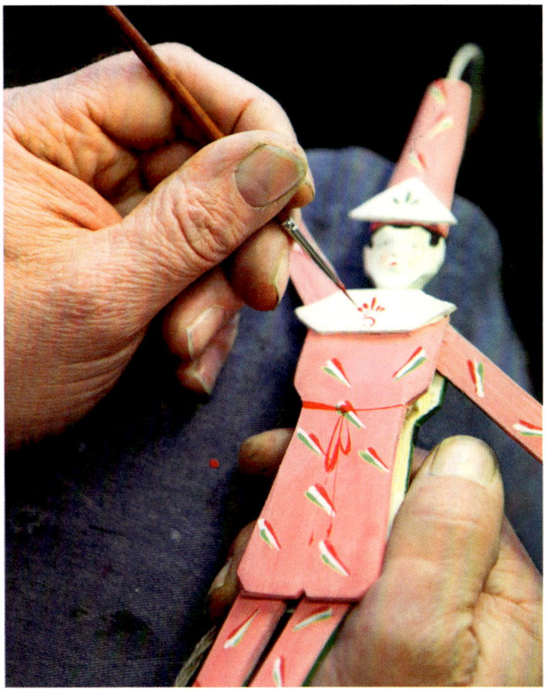

Benediktinerabtei Kloster Ettal

Geschichte der Verspottung napoleonischer Besatzungssoldaten. Vorne das Konterfei des französischen Soldaten, der hinten zum Hanswurst erklärt wird.

In der Werkstatt von Markus Wagner wird diese Tradition bewahrt. So gibt es da ein Huhn, das lieber zum Koch wird, ehe es in den Kochtopf wandert, oder den Jäger, der mit einem ausladenden Geweih selbst zum Hirsch geworden ist. Jeder „Schnürlkasperl" ist ein handgefertigtes Unikat. Bei der Herstellung setzt der Künstler traditionelle Techniken wie Spalt-Technik, Kerbschnitt und Faßmalerei ein. Die Einzelteile werden durch Holzdübel beweglich zusammengehalten, sodaß die fertigen Figuren Arme und Beine heben können. Vorbeischauen lohnt sich. Ob bayerisch grantelnd oder freundlich verschmitzt, Markus Wagner heißt seine Besucher immer gerne willkommen. Von der Wand grüßen über 70 verschiedene Schnürlkasperl-Motive. Und im persönlichen Gespräch erfährt man dann noch eine Menge mehr über diese wunderbare Oberammergauer Handwerkskunst.

Auf dem Weg Richtung Garmisch-Partenkirchen liegt **Ettal** mit seinem beeindruckenden **Kloster**. 2 Nicht zu übersehen die majestätische Kuppel der Basilika. Kaiser Ludwig der Bayer gründete 1330 das Benediktinerkloster. Die stuckierte und ausgemalte Sakristei gilt bis heute als schönste Rokoko-Sakristei Süddeutschlands. Wirtschaftliches Fundament für die Benediktinermönche ist, wie sollte es in Oberbayern anders sein, die Klosterbrauerei, aber auch der Verkauf der bekannten Klosterliköre. Bei einer Klosterführung erlebt man nicht nur eine unterhaltsame Zeitreise durch die Geschichte des Bierbrauens, sondern erfährt beim Besuch der Drogenkammer, des Mazerations- und Destillationsraums viel Interessantes über die Kräuterwelt. Auch heute noch stellt der Frater Destillateur aus über 50 erlesenen Kräutern den weltbekannten „Ettaler Klosterliqueur" her.

Direkt am Kloster vorbei führt ein ganz besonderer Weg. Ruhig geht es da zu, am Fuße des mächtigen Wettersteinmassivs, auf dem **Meditationsweg Ammergauer Alpen**. In einer von intakter Natur und kulturellem Reichtum geprägten Region wandert man durch beschauliche Orte, vorbei an beeindruckenden Sehenswürdigkeiten. Urlaub mal anders: Über 14 Etappen von der Wieskirche bis zum Schloss Linderhof quer durch das größte zusammenhängende Naturschutzgebiet Bayerns. Wunderbare Landschaften und malerische Kulturgüter liegen am Weg. Besinnliche Orte und Kraftzentren laden zum Verweilen, in erster Linie aber zum „Zu-sich-Finden" ein. Die einzelnen Etappen auf dem Meditationsweg Ammergauer Alpen sind zwischen einem und zehn Kilometer lang. Selbstverständlich lassen sich mehrere Etappen bequem miteinander verbinden.

WILLKOMMEN IM WERDENFELSER LAND

Über den Ettaler Sattel geht es dann mit acht Prozent Gefälle gut vier Kilometer Richtung Garmisch-Partenkirchen. Das imposante Panorama des **Wettersteinmassivs** mit Alp- und Zugspitze steht einfach so da – mächtig, beeindruckend, davor saftige Wiesen mit uralten Holzschupfen und grasenden Kühen. Bei schönem Wetter: „Oberbayern wie aus dem Fremdenverkehrsprospekt."

Apropos Fremdenverkehr: Hier im Werdenfelser Land lebt man seit Jahrzehnten sehr gut von Urlaubern und Tagestouristen. Doch das hat auch seine Schattenseiten, wie eine Bürgerbefragung im Jahr 2021 ergab. Viele empfinden besonders den Ausflugsansturm als belastend. Vor allem die Jugend sieht die Entwicklung mit großer Sorge, fordert ein klares Umdenken.

Hauptkritikpunkte: Verkehrsprobleme, Preissteigerungen, etwa auf dem Immobilienmarkt, das „unangemessene" Verhalten der Gäste, in erster Linie Müll- und Natursünden. Die Folge: Fast die Hälfte aller Befragten fühlt sich in der Heimat nicht mehr richtig zuhause – ein deutliches Alarmsignal. Schließlich warnen viele Tourismusexperten: Nur dort, wo sich die Einheimischen wohlfühlen, tun dies auch die Urlauber.

Doch wie das Problem lösen? Stichworte: Besucherlenkung, Sensibilisierung für einen verantwortungsvollen Umgang mit der Natur, ein digitales Info-System, das Bescheid gibt, wenn im Werdenfelser Land die Straßen und Parkplätze voll sind.

KÖNIG LUDWIGS LEIDENSCHAFT

Bayerns Märchenkönig Ludwig II. hatte ein ganz besonderes Faible für die Landschaft rund um die Zugspitze. Gleich zwei Schlösser ließ er hier erbauen: im Graswangtal **Schloss Linderhof** mit seiner beeindruckenden, künstlichen Tropfsteinhöhle mit See und Wasserfall. Sieben Öfen waren, auch im Sommer, zur Beheizung der Grotte nötig. Ein Regenbogen-Projektions-Apparat und eine Wellenmaschine sollten die Illusion perfekt machen, wenn der König sich auf dem

❸ Königshaus am Schachen: ein ganz besonderes Schloss hoch oben im Gebirge

HÜTTEN-TIPP

DIE BRUNNENKOPFHÜTTE, idyllisch gelegen oberhalb von Schloss Linderhof, erreicht man von dort in gut 1,5 Stunden. Die Brunnenkopfhäuser waren Jagdhütten des Wittelsbacher Königs Max II. Joseph, des Vaters von Ludwig II. In den Jahren 1871 bis1879 weilte der Märchenkönig nicht nur zur Jagd hier, sondern auch, um seinen schwermütigen Gedanken nachzuhängen. „Auf den Bergen ist Freiheit, und überall, wo der Mensch nicht hinkommt. Ich genieße noch ein paar Wochen lang die mir so wohl bekommende kalte Bergesluft vor der unseligen Einkerkerung im wenig geliebten München", so wird der Monarch zitiert. Er wusste, wo es schön ist: Von der Hütte aus bietet sich ein traumhafter Ausblick weit ins Graswangtal und auf Schloss Linderhof.

https://brunnenkopfhuette.com

künstlichen See herumrudern ließ. (Leider erst wieder 2024 zu besichtigen, die übrige Schlossanlage ist aber geöffnet.)

Zugänglich dagegen ist das **Königshaus am Schachen**, 3 hoch oben im Wettersteingebirge, 1870 fertiggestellt. König Ludwig II. ließ sich einen bequemen Reitweg zu seinem Domizil auf den Schachen bauen. Heute muss man hinaufwandern oder mit dem Mountainbike fahren. Zu Fuß eine gut fünfstündige Tour, Ausdauer sollte man also schon mitbringen.

Aber der Weg lohnt sich. Ob die im Typus eines sogenannten „Schweizerhauses" erbaute hölzerne Fassade, der luxuriöse „Maurische Saal" mit seinem unglaublichen Farbenspiel in Gold, Rot und Blau samt speiendem Springbrunnen oder der kleine Aussichtspavillon mit dem herrlichen Blick ins Reintal und dem nicht minder schönen Ausblick auf das Zugspitz-Massiv – der Märchenkönig hat der Nachwelt auf 1.866 Metern wirklich einen ganz besonderen Platz hinterlassen.
Und das knapp unter dem Schloss gelegene Schachenhaus ist nicht nur eine beliebte Einkehr, man kann dort

Mitten im historischen Garmisch-Partenkirchen

Deutschlands höchster Berg: die Zugspitze

auch übernachten und mit etwas Glück wunderbare Sonnenauf- und -untergänge genießen.

Garmisch und Partenkirchen – bis 1935 waren das zwei eigenständige Gemeinden. Doch dann mussten sie sich auf Druck der Nationalsozialisten und wegen der bevorstehenden Olympischen Spiele zusammenschließen. Fluch und Segen zugleich, denn durch Olympia 1936 errang der Ort seine heutige Bekanntheit, auf der anderen Seite ist die Rivalität zwischen den „Partenkirchern und Garmischern" bis heute nicht ganz verschwunden.

Wie dem auch sei, beim Bummel durch die beiden Ortsteile stößt man immer wieder auf prachtvolle Hausfassaden mit kunstvollen Lüftlmalereien. Sei es in der Frühlingsstraße in Garmisch oder in der Ludwigsstraße in Partenkirchen – hier kann man die Geschichte des Orts auf Schritt und Tritt erleben. Da ist zum Beispiel der Gasthof Fraundorfer mit seiner prächtigen Bauernhochzeit-Malerei, das Werdenfelser Heimatmuseum oder das Haus Simon, an dem der Erzengel Gabriel mit Feuerschwert und Lilie Wache hält. Sie alle sind lebendige Erinnerungsstücke an längst vergangene Tage und prägen das Partenkirchener Ortsbild bis heute.

Auch ein Spaziergang durch das historische Garmisch ist eine lohnenswerte Zeitreise. Die alten Bauernhäuser mit ihren reich verzierten Balkonen erzählen ihre ganz eigenen Geschichten. Vorbei an der Kirche St. Martin mit dem barocken Hochaltar, dem **Gasthof Husar** mit seinen Biedermeier-Fresken oder dem Polznkasperhaus, einem der ältesten Häuser des Ortsteils – man fühlt sich ins vorletzte Jahrhundert zurückversetzt. Und das „Sahnehäubchen": ein besonders schöner Blick auf die **Zugspitze** ❹.

TOURISMUSMAGNET ZUGSPITZE

Deutschlands höchster Berg bestand ursprünglich aus drei Gipfeln. Der Mittelgipfel musste 1930 dem Bau einer Seilbahnstation weichen, der Westgipfel wurde 1938 von deutschen Wehrmachtssoldaten gesprengt. Geblieben ist der Ostgipfel mit seinen 2.962 Metern und dem goldenen Gipfelkreuz; eine originalgetreue Kopie des 1851 errichteten ersten Kreuzes. Hinauf

TIPP
ERLEBEN

Die Rundreise mit drei verschiedenen Bahnen kombiniert sämtliche Highlights rund um die Zugspitze. Unterwegs mit der Zahnradbahn, der Gletscherbahn und der Seilbahn – ein ganz besonderer Ausflug.

https://zugspitze.de/de/Zugspitze/Sommer/Rundreise

KULTUR-TIPP

DAS GEIGENBAUMUSEUM im Herzen von Mittenwald lässt die lange Tradition dieses Handwerks lebendig werden und zeigt, wie stark der Geigenbau mit der Ortshistorie verbunden ist. Matthias Klotz erlernte dieses Handwerk im italienischen Padua. Seit seiner Rückkehr im Jahr 1684 ist die Geige fest mit der Ortsgeschichte verbunden. Rund 200 Geigen und Zupfinstrumente sind ausgestellt. Aber man darf auch am Geigenlack riechen oder die Beschaffenheit des Geigenholzes fühlen. Und hier erfährt man auch, wo sich die Werkstätten der Geigenbauer heutzutage befinden.

www.geigenbaumuseum-mittenwald.de

Gipfelglück auf 2.962 Meter Höhe

kommt man gemächlich mit der nostalgischen Zahnradbahn. Bei guter Sicht sieht man bis zu 250 Kilometer weit – auf mehr als 400 Berggipfel in Deutschland, Österreich, der Schweiz und Italien.

Allein ist man auf dem Gipfelplateau allerdings nur selten, die Zugspitze zieht jedes Jahr mehr als 600.000 Menschen an. Dort gibt es seit 2012 auch ein muslimisches Gebetshaus. Eine Forschungsstation und die Niederlassung des Deutschen Wetterdienstes stehen schon wesentlich länger auf Deutschlands höchstem Berg.

Runter geht es dann mit der neuen Seilbahn Richtung Eibsee. Mit nur einer Stütze, eine technische Meisterleistung! In den zehn Minuten zwischen Berg- und Talstation genießen die Gäste den überwältigenden Blick aus den bodentief verglasten Kabinen weit hinein ins Alpenvorland und auf den wild-romantischen **Eibsee** am Fuße der gewaltigen Zugspitz-Abstürze.

SPEKTAKULÄRE ALPENWELT KARWENDEL

Von Garmisch-Partenkirchen lohnt sich ein Abstecher nach Mittenwald. Dass **hier** der „Himmel voller Geigen hängt" dürfte hinlänglich bekannt sein, schließlich brachte bereits 1684 Mittenwalds berühmtester Sohn, Mathias Klotz, das Wissen über das Handwerk des Geigenbaus aus Italien in seine Heimat. Heute sind die „bayerischen Stradivaris" weltberühmt.

Kultur im Tal, oben am Berg spektakuläre Ausstellungen. Spannend ist ein Besuch in Deutschlands höchstgelegenem Natur-Informationszentrum auf 2.224 Meter Höhe. „Vü zum sejchn" – also „viel zu sehen" – gibt es da. Atemberaubende 1.300 Meter tief geht der Blick aus dem enormen Panoramafenster ins Isartal, nach Krün und Wallgau, natürlich auch auf die Zugspitze. Doch damit nicht genug.

Ein überdimensionales Fernrohr gleich bei der Bergstation sollte man auf keinen Fall links liegen lassen. Die „**Bergwelt Karwendel**" 5 an der Bergstation der Karwendelbahn oberhalb von Mittenwald soll Zeichen setzen für nachhaltiges Engagement in sensibler Natur. Der in Lärchenholz gehüllte Bau ragt sieben Meter über den Abgrund. Die Ausstellung im Inneren bringt den Besuchern das Hochgebirge und andere bedrohte Lebensräume näher und will für deren Schutz begeistern. In der streng geschützten Karwendelgrube gleich hinter dem Informationszentrum leben übrigens seltene Alpenschneehühner.

Wer sich dann noch sportlich betätigen will, kann den **Mittenwalder Klettersteig** ab der Bergstation in Angriff nehmen, eine anspruchsvolle Kammüberschreitung nur für erfahrene Bergsteiger. Der abwechslungsreiche Klettersteig führt insgesamt über sieben Zweitausender des Karwendelgebirges.

Gemütlicher kann man es unten im Tal angehen lassen. Der **Barfußwanderweg** am Hohen Kranzberg in Mittenwald ist ein tolles Erlebnis. Gut 1,5 Stunden dauert es, bis die 24 Stationen „abgelaufen sind" und man ausprobieren konnte, wie sich Tannenzapfen, Moos, Kieselsteine oder auch Baumrinde ohne Schuhe anfühlen.

Natürlich kann man auch nur durch Mittenwald selbst schlendern und die herrlichen Hausfassaden mit ihren „Büdlan" bewundern. Die **Lüftlmalereien** sind hier eine wahre Pracht. Besonders viele findet man im Ortsteil Gries. Dargestellt werden meist Szenen aus der Bibel oder der bewegten Geschichte des Oberen Isartals. Die Lüftlmalerei ist aber keineswegs ein Über-

Durchblick im Natur- und Informationszentrum Karwendel

KULINARIK-TIPP

„MEINE INTENTION IST ES, mit Sorgfalt und Rücksicht eine nachhaltige Fischerei in meiner Heimat aufleben zu lassen", erzählt Dominik Blees. In seinem kleinen Fischgeschäft „Platzfisch" in Mittenwald bietet er zusammen mit seiner Partnerin Manuela Merk ausschließlich frisch gefangenen Fisch, Räucherfisch und Fischfeinkost an. „Ich wollte eine Fischerei, die anders ist, stilvoll, schön, einfach besonders." Die beiden legen großen Wert darauf, das Bewusstsein für heimischen Fisch zu verändern. Sushi aus dem Saibling, Matjes aus der Forelle oder kaltgeräucherte Graved-Lachs-Forelle – echte Schmankerl frisch aus dem Zuchtbecken, gespeist mit dem reinen Gebirgsquellwasser des Kranzbachs.

www.platzfisch.de

Mittenwald und seine Lüftlmalerei

bleibsel vergangener Tage. Noch heute lassen Künstler Hausfassaden zu lebendigen „Bilderbüchern" werden

Sogar ihr eigenes Bier haben die Mittenwalder. Und die „**Feiramhoibe**" – wie im oberen Isartal das wohlverdiente Bier nach getaner Arbeit heißt – wird seit nunmehr über 200 Jahren hier ausgeschenkt. In fünfter Generation führt die Familie Neuner die Brauerei. Ihre Devise: Regionalität. Bei der Auswahl der Rohstoffe setzt man auf Qualität aus heimischen Regionen; edelste Hopfensorten aus der Hallertau und Malz aus dem oberbayrischen Raum. Und das Wasser? Klar stammt das Brauwasser auch von hier, genauer gesagt von der „Stell" am Lautersee, einer eigenen Quelle, die seit 1830 genutzt wird.

Stolz auf ihre Heimat sind viele hier, auch Gabi Sprenger und Doris Zunterer. „**Hoamat Stuiz**" heißt folgerichtig auch ihre Manufaktur – übrigens auch im Verbund von „Inser Hoamat". Ein wenig außerhalb von Mittelwald leben die zwei, und wer will, kann sie in ihrer Werkstatt besuchen. Die gelernte Trachtenschneiderin Gabi „hat schon als kleines Mäderl immer die Barbie-Puppen angezogen", und Doris hatte schon von jeher ein Faible für die kalligrafische Schreibkunst. Stoff mit Stift unter einen Hut zu bringen, die Idee trägt seit Jahren Früchte: handgefertigte Taschen und Mappen, die durchweg Unikate sind und besondere Motive tragen.
Ein weiterer Clou: Die Seitenteile und Böden der Taschen sind aus Holz gefertigt. „Damit haben wir Gabis

Tradition und Moderne: Hoamat Stuiz

Einmalige Kulturlandschaft: die Buckelwiesen bei Mittenwald

Mann betraut, der ist Schreiner", erzählen die beiden. Vor Ort kann man ein individuelles Stück in Auftrag geben und hat dabei dann auch noch die einmaligen Buckelwiesen im Blick – für alle Mittenwald-Besucher ein absolutes Muss, die Wanderung über diesen ganz besonderen Flecken Erde zwischen dem Tennsee, Krün und dem Mittenwalder Kranzberg.

Diese einzigartige grasbedeckte Hügellandschaft ist ein Relikt der letzten Eiszeit und höchst schützenswert. Über 200 Pflanzenarten und viele seltene alpine Kräuter findet man hier. Bei der Bewirtschaftung setzen die Bauern auf Handarbeit. Es wird noch zur Sense gegriffen, auf Düngemittel verzichtet, und Schaf- und Ziegenherden weiden auf den Buckeln.

Bevor es dann von der Zugspitz-Region Richtung Tölzer Land geht, lohnt sich auf der Alpenstraße noch ein Abstecher nach Wallgau. Nicht nur, weil es hier einen schönen Neun-Loch-Golfplatz mitten in der Wildflusslandschaft der Isar gibt oder weil die typisch bayerischen Brauchtumsfeste wie das Maibaum-Aufstellen, die Johannisfeuer und der Almabtrieb im Jahreskalender noch ihren festen Platz haben. Das Dorf, eingerahmt von Karwendel, Wetterstein und Estergebirge, hat noch ein ganz besonderes Schmankerl zu bieten: den **Magdalena-Neuner-Panoramaweg.**

Dieser einzigartige Themenwanderweg informiert Wanderer und Biathlonfans gleichermaßen auf rund 320 Höhenmetern und 28 anschaulichen Infotafeln über das Leben und den sportlichen Werdegang der sympathischen Wallgauerin. Bei der Eröffnung des Wegs gab Magdalena Neuner lachend zu: „Das macht mich doch sehr, sehr stolz …". Gut zwei Stunden dauert die Wanderung. Zwei Wander-Varianten gibt es, die Richtung Krepelschrofen mit einem sehenswerten Blick über das gesamte Isartal.

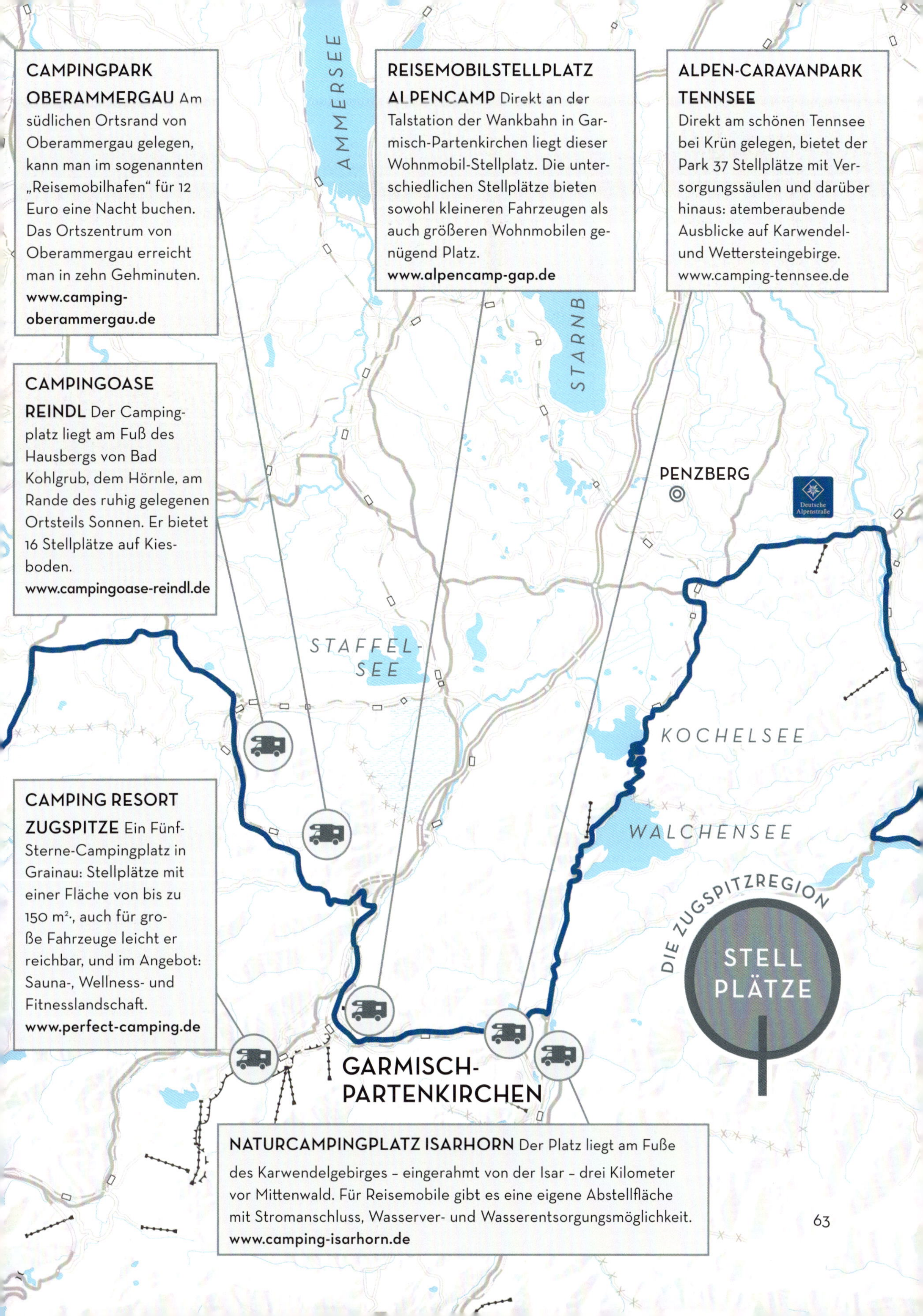

CAMPINGPARK OBERAMMERGAU Am südlichen Ortsrand von Oberammergau gelegen, kann man im sogenannten „Reisemobilhafen“ für 12 Euro eine Nacht buchen. Das Ortszentrum von Oberammergau erreicht man in zehn Gehminuten. **www.camping-oberammergau.de**

REISEMOBILSTELLPLATZ ALPENCAMP Direkt an der Talstation der Wankbahn in Garmisch-Partenkirchen liegt dieser Wohnmobil-Stellplatz. Die unterschiedlichen Stellplätze bieten sowohl kleineren Fahrzeugen als auch größeren Wohnmobilen genügend Platz. **www.alpencamp-gap.de**

ALPEN-CARAVANPARK TENNSEE Direkt am schönen Tennsee bei Krün gelegen, bietet der Park 37 Stellplätze mit Versorgungssäulen und darüber hinaus: atemberaubende Ausblicke auf Karwendel- und Wettersteingebirge. www.camping-tennsee.de

CAMPINGOASE REINDL Der Campingplatz liegt am Fuß des Hausbergs von Bad Kohlgrub, dem Hörnle, am Rande des ruhig gelegenen Ortsteils Sonnen. Er bietet 16 Stellplätze auf Kiesboden. **www.campingoase-reindl.de**

CAMPING RESORT ZUGSPITZE Ein Fünf-Sterne-Campingplatz in Grainau: Stellplätze mit einer Fläche von bis zu 150 m²., auch für große Fahrzeuge leicht erreichbar, und im Angebot: Sauna-, Wellness- und Fitnesslandschaft. **www.perfect-camping.de**

NATURCAMPINGPLATZ ISARHORN Der Platz liegt am Fuße des Karwendelgebirges – eingerahmt von der Isar – drei Kilometer vor Mittenwald. Für Reisemobile gibt es eine eigene Abstellfläche mit Stromanschluss, Wasserver- und Wasserentsorgungsmöglichkeit. **www.camping-isarhorn.de**

Baden in der Zugspitzregion

Geroldsee

Klare Seen, die im Sommer zum Baden einladen, im Herbst die Kulisse für wunderschöne Wanderungen bilden und im Winter von einer dicken Eisschicht bedeckt sind. Wenn es ums Thema „Baden“ geht, hat man die Qual der Wahl.

DIE DREI SEEN

Wer die Schönheit der bayerischen Bergseen zu Fuß erkunden möchte, kann die Drei-Seen-Wanderung unternehmen. Das Besondere bei dieser Wanderung: Gleich drei Seen und drei Gebirge sind zu bewundern! Denn zwischen Estergebirge, Wettersteingebirge und Karwendel liegen die wunderschönen Seen Grubsee, Geroldsee und Barmsee. Ihr Wasser gilt als sehr sauber und klar. Im Sommer wärmen sie sich schnell auf.
www.alpenwelt-karwendel.de/a-drei-seen-wanderung-bei-kruen

Ferchensee

Eibsee

DER LAUTER- UND DER FERCHENSEE

Die nicht weniger reizvollen Lauter- und Ferchensee bieten alternativ eine schöne Rundwanderung mit Blick auf Karwendel- und Wettersteingebirge und zahlreiche Rast- und Badeplätze. Zum „Idakniagln" – also zum Niederknien schön – finden viele Einheimische den Ferchensee. Das Naturschauspiel auf 1.060 Metern – etwas ganz Besonderes. Und fast schon exotisch wirkt der weiße Sand an seinem nördlichen Ufer. Am Lautersee ist es in den frühen Morgenstunden am schönsten. Still liegt er da, die Wälder und Wiesen ringsherum lassen ihn in dunklen Grüntönen schillern.

www.alpenwelt-karwendel.de

DER EIBSEE

Ein ganz besonderes Juwel funkelt am Fuße der Zugspitze in fast 1.000 Meter Höhe. Der Eibsee bei Grainau mit seinem tiefgrünen Wasser gilt als einer der schönsten und zugleich saubersten Seen in Oberbayern und sorgt im Sommer für jede Menge Wasserspaß. Wanderer umrunden den See innerhalb von zwei Stunden. Wer es einsam mag, kann auf Tuchfühlung mit einer der acht Inseln gehen. Ein besonders schönes Erlebnis verspricht aber auch eine Runde auf dem SUP am frühen Morgen mit Vogelgezwitscher und traumhaften Ausblick auf die Zugspitze.

www.eibsee.de

EXTRA

DAS
TÖLZER
LAND

DAS TÖLZER LAND

Zwischen Isar und Loisach erstreckt sich südlich von München das Tölzer Land. Vieles erinnert hier noch an die traditionelle bayerische Lebensweise. Unverwechselbare Architektur, sakrale Kunst und abwechslungsreiche Landschaft – bezaubernd. Und doch Fluch und Segen zugleich.

WER AM WOCHENENDE oder in den Ferien dem größten Gebirgssee Deutschlands einen Besuch abstatten will, der sei gewarnt: der **Walchensee** 1 ist zu einem der Hotspots in Oberbayern geworden, die man zur Hauptreisezeit am besten meidet. Überfüllte Parkplätze, verstopfte Straßen, volle Cafés und Wirtshäuser statt Ruhe und Erholung.

„Wir sind nicht allein an diesem wunderschönen Bergsee, sondern teilen ihn mit Pflanzen, Vögeln, Hasen und Rehen und natürlich auch mit den Anwohnern des Ortes. Darauf müssen wir als Besucher Rücksicht nehmen", erklärt Rangerin Sabine Gerg. Auch der Walchensee ist Teil ihrer täglichen Tour, und damit kennt sie die Probleme nur zu gut. „Wir sprechen Falschparker an und nehmen Personalien auf." Das Landratsamt kann dann ein Bußgeld veranlassen. Selbst abends und nachts sind die Ranger unterwegs.

„Diese Zeiten sind den Tieren vorbehalten. Sie brauchen die Ruhe." Deshalb sind das Nachtparken, Zelten und Übernachten sowie das Entfachen von Grill- und Lagerfeuern am Walchensee und im Naturschutzgebiet an der Isar verboten. Wildcamper verschrecken oft Rehe und Hirsche. Im schlimmsten Fall verlassen die Tiere das Revier, und der Nachwuchs bleibt schutzlos zurück. Dazu kommt das hohe Risiko eines Waldbrandes. „Niemand schadet der Natur mit Absicht, daher ist unsere wichtigste Aufgabe die Sensibilisierung der Besucher. Wir freuen uns immer, wenn wir von Urlaubern angesprochen werden, und erzählen gerne mehr über die Tier- und Pflanzenwelt im Tölzer Land."

TOURISMUS CONTRA NATUR

Der Walchensee mit seiner bewaldeten Insel, die ganz und gar der Natur überlassen ist, beheimatet seltene Vögel und Pflanzen. Sie haben sich perfekt an diese einzigartigen Lebensräume angepasst. „Unser Ziel ist es, das Gleichgewicht zwischen ungestörter Natur und Urlaubsort, in dem wir Menschen Lebensenergie schöpfen, so nachhaltig wie möglich aufrechtzuerhalten", betont Rangerin Sabine Gerg, die man wie ihre

1 Walchensee S. 68
2 Franz-Marc-Museum S. 71
3 Murnau S. 72
4 Benediktbeuern S. 76
5 Blomberg S. 78
GERETSRIED
WEILHEIM IN OBERBAYERN
PENZBERG
BAD TÖLZ
TEGERNSEE
STAFFELSEE
LENGGRIES
WALCHENSEE
SYLVENSTEINSEE
MITTENWALD
Deutsche Alpenstraße
DAS TÖLZER LAND
HIGH LIGHTS

Glasklar das Wasser inmitten einer schützenswerten Landschaft

Kolleginnen und Kollegen immer an ihrer grasgrünen Weste erkennt.

Sieben Kilometer lang, fünf Kilometer breit und bis zu 190 Meter tief – der Walchensee mit seinen Uferzonen ist dank der Wasserqualität, der Flora und Fauna einzigartig und deshalb auch als Landschaft geschützt. Es gibt schöne Wanderungen, zum Beispiel die flach am Ufer entlangführende „Walchensee-Baderunde", und spannende Radtouren wie die anspruchsvolle „Herzogstandumrundung". Wer es gemütlicher angehen will, fährt mit der Herzogstandbahn auf den 1.731 Meter hohen Gipfel des gleichnamigen Bergs. Von hier aus hat man einen herrlichen Blick ins Tölzer Land und auf die südliche Alpenkette.

Hinunter zum **Kochelsee** geht es dann in 14 Kehren mit durchschnittlich vier Prozent Gefälle über die neun Kilometer lange Kesselbergstraße. Beim kurzen Stopp am Parkplatz blickt man auf den grün schimmernden Kochelsee und das herrliche Kochler Moor, das die Sonne vor allem in den späten Nachmittagsstunden in ein ganz spezielles Licht taucht. Eine ganz besondere, reizvolle Stimmung, der sich schon die Künstlergruppe des „Blauen Reiter" nicht entziehen konnte.

IMPOSANTES „BLAUES LAND"

„Den ‚Blauen Reiter' erfanden wir am Kaffeetisch, in der Gartenlaube in Sindelsdorf; beide liebten wir Blau. Franz Marc die Pferde, ich die Reiter. So kam der Name von selbst. Und der märchenhafte Kaffee von Frau Maria Marc mundete uns noch besser", so erinnerte sich Wassily Kandinsky, einer der Väter des „Blauen Reiter". Im Mai 1912 war das. Er und Franz Marc, Alexej von

Jawlensky und Paul Klee liebten das Land an der Loisach zwischen Murnau, Kochel und Sindelsdorf, wo die Familie Marc wohnte.

Heute würdigt ein eigenes, über dem Kochelsee gelegenes Museum, das „Franz Marc Museum", das Wirken der Expressionisten. ❷ Die Sammlung umfasst neben der Kunst des „Blauen Reiter" wichtige Werke des Expressionismus sowie herausragende Arbeiten Paul Klees und bedeutende Gemälde der abstrakten Malerei nach dem Zweiten Weltkrieg.

Die Kunst des Namensgebers Franz Marc steht zwar im Mittelpunkt, aber die wechselnden Ausstellungen suchen „neue ungewohnte Perspektiven, manchmal auch Nebenwege im Blick auf die Epoche", so das Credo der Museumsleitung. Ausdrucksstark interpretierte Marc die Bergwelt rund um Kochel, die er Zeit seines Lebens als zweite Heimat betrachtete.

Die Einbettung des Museums in die oberbayerische Voralpenlandschaft war für die Erbauer also nur folgerichtig, und dementsprechend eingebunden ist auch die Architektur: Der Neubau öffnet große Fenster auf die Umgebung und bringt so Kunst und Natur in einen Dialog, ganz im Sinne der Maler des „Blauen Reiter", die sich hier sehr bewusst für die Natur als Lebensraum und Inspirationsquelle entschieden haben. Ein besonderer „Hingucker": ein wandfüllendes Fenster im zweiten Obergeschoß, das einen großartigen Blick auf den Kochelsee und die Berge freigibt. Ein begeisterndes Natur-Gemälde, das sich täglich ändert.

TIPP
SEHENSWERT

Das imposante Speicherkraftwerk Walchensee gilt als Wiege der industriellen Stromerzeugung in Bayern. 1924 fertiggestellt, galt es lange als eines der größten Wasserkraftwerke der Welt. Seit 1983 ist es ein geschütztes Industriedenkmal.

www.walchensee.net/de/museen.

Besuch im „Franz Marc Museum"

Murnau und sein südliches Flair

KULINARIK, KUNST, KULTURLANDSCHAFT

Lohnenswert auf dem Weg Richtung Lenggries ist auf alle Fälle ein Abstecher nach **Murnau.** ③ Nicht nur wegen des Münter-Hauses, das auch eine wichtige Rolle in der Geschichte des „Blauen Reiter" spielt und zu besichtigen ist. Dort fand im Oktober 1911 nämlich die Arbeitssitzung zur Vorbereitung des Almanachs „Der Blaue Reiter" statt, und neben Gabriele Münter und Kandinsky nahmen Franz und Maria Marc sowie August und Elisabeth Macke daran teil. So steht der Ort neben der eindrucksvollen Naturlandschaft für ein besonderes Kunsterlebnis. Ab Anfang des 19. Jahrhunderts verließen viele Künstler ihre städtischen Ateliers und Kunstakademien, um sich von der landschaftlichen Schönheit und dem ländlichen Leben inspirieren zu lassen. Mit der Entwicklung der Freilichtmalerei entstanden bis zu 200 Künstlerkolonien in ganz Europa – zu ihnen gehört auch Murnau am Staffelsee . Ein wichtiges Zentrum, weil hier avantgardistisch der Weg in die Abstraktion beschritten wurde.

Auch heute ist der Ort noch lebendiges Zentrum zeitgenössischer Kunstschaffender, deren Ateliers und Galerien offenstehen und mit verschiedenen Kreativ-Workshops Kunstinteressierte anlocken. Kunst und Kulinarik – seit 2018 hat es die Gemeinde auch schriftlich, denn seither trägt die sie den Titel „Genussort". Eng verknüpft damit sind die geschützte Naturlandschaft und viele verschiedene, regional hergestellte Produkte: Bier aus den örtlichen Brauereien, Fleisch vom Riegsee-Ochsen und dem Murnau-Werdenfels Rind, fangfrischer Fisch aus den heimischen Seen, saisonales Gemüse und Salate direkt vom Bauernhof

Eine besondere Symbiose aus Kunst und Kulinarik bietet das Projekt der „Kunstwirte". Dabei stellen regionale Künstler ihre Werke in den Restaurants der Staffelseewirte aus und stehen gleichzeitig Rede und Antwort. Umrahmt wird der Kunst-Genuss von besonderen Gerichten, die sonst nicht auf der Speisekarte stehen.

Beim Bummel über den Ober- und Untermarkt spaziert man mit Blick auf die Berge an den im Biedermeierstil erbauten Häusern vorbei. Die Fassaden wurden Anfang des 20. Jahrhunderts vom berühmten Architekten Emanuel von Seidl mit volkstümlichen Fresken fantasievoll gestaltet und schmücken bis heute die Fußgängerzone. Murnau – ein Ort mit traditionsreichen Geschäften, aber auch „trendigen" Läden mit frischen Ideen.

Kulinarik, Kunst, Kulturlandschaft – rund um Murnau kann, wer will, aus dem Vollen schöpfen. Da gibt es das im 8. Jahrhundert erbauten Ramsach-Kircherl am Eingang zum Murnauer Moos. Neben vielen anderen Kostbarkeiten, wie einer Muttergottes von etwa 1300, beherbergt das Ähndl, wie die Kirche im Volksmund genannt wird, eine uralte, handgeschmiedete Eisenglocke, wie sie von den iro-schottischen

AUSFLUGS-TIPP

ÜBER 60 ORIGINAL erhaltene Gebäude machen den ländlichen Alltag der Menschen Oberbayerns im Freilichtmuseum Glentleiten im wahrsten Sinne des Wortes „erlebbar“, eingebettet in eine nach historischem Vorbild gepflegte Kulturlandschaft. Dort grasen alte Nutztierrassen, wachsen historische Obst- und Gemüsesorten. Die alten Häuser erzählen dank ihrer Original-Einrichtung und den Spuren vergangener Generationen ihre ganz eigenen Geschichten. Eine spannende Zeitreise durchs Oberbayern der letzten Jahrhunderte mit echten Überraschungen wie zum Beispiel einer ehemalige Gasolin-Tankstelle, die ursprünglich direkt an der Deutschen Alpenstraße stand.

|

www.glentleiten.de

Sehnsuchtsort: Wassily Kandinskys
herbstliches Murnau

Basilika St. Benedikt

Mönchen aus der Zeit des 8. Jahrhunderts bekannt sind. Diese Handglocke dürfte wohl die älteste Glocke Deutschlands sein.

Sehenswert das **Murnauer Moos**, das größte zusammenhängende Moorgebiet nördlich der Alpen. Ein Schatzkästlein für naturbegeisterte Menschen. Hier herrscht noch ein großer Reichtum an Pflanzen- und Tierarten, die es woanders schon lange nicht mehr gibt. Und obendrauf: herrliche Blicke auf das nahegelegene Ester- und Wettersteingebirge. Fehlt noch die Kulinarik, und da bietet sich die Einkehr ins Gasthaus „Ähndl" an mit seinem herrlichen Biergarten, gleich beim Ramsach-Kircherl.

GOTTESFURCHT UND TRACHTENGWAND

Ein etwas größeres „Kircherl" steht dann auf der Weiterfahrt in **Benediktbeuern** ❹, die Basilika St. Benedikt mit ihren markanten Zwiebeltürmen. Eine der bedeutendsten Barockkirchen Deutschlands. 725 von Karl Martell begründet, zählt das Kloster zu einem der ältesten der Benediktiner. 1803 gaben sie es auf, erst 1930 wurde die Anlage durch den Kauf der Salesianer Don Boscos geistlich und kulturell zu neuem Leben erweckt.

Heute beherbergt die weitläufige Anlage die Katholische Stiftungshochschule, ein Umwelt- und Kulturzentrum, ganzjährig wechselnde Kunstausstellungen, die historische Fraunhofer Glashütte und noch etwas ganz Besonderes: das **Zentrum für Trachtengewand.**

Gegründet im Jahr 2000, gilt es heute als weltweit einzigartiges Zentrum für die Erforschung und die Sammlung von historischer, oberbayerischer Kleidungskultur. Seine Bestände umfassen aktuell rund 20.000 Original-Kleidungsstücke und Accessoires aus drei Jahrhunderten, ca. 40.000 Fotografien sowie eine umfangreiche Präsenzbibliothek mit zahlreichen bibliophilen Kostbarkeiten.

„Traditionen lebendig zu halten und verantwortungsvoll mitzugestalten, ist unser wichtigstes Ziel. Aus diesem Geist entstand die Idee des Trachten-Kontors", erzählt Alexander Karl Wandinger, der Leiter des Zen-

TIPP
KULINARIK
Zwölf Wirte haben sich zu den „Staffelseewirten" zusammengeschlossen. Ihr Credo: Regionalität, Heimat, Vielfalt und eine herzliche Gastlichkeit. „Bei uns herrscht kein Konkurrenzdenken, sondern ein echtes Miteinander", so Vorstand Michael Gilg.
https://staffelseewirte.de/de/murnau-gastronomie

Seit 1883 bayerisches Kulturgut: die Lederhose

trums für Trachtengewand. Großen Wert legt man darauf, keine Repliken zu verkaufen wie in vielen anderen Museums-Shops, sondern „zeitgemäße Interpretationen, die dem Geist des Originals treu bleiben". Dank der Zusammenarbeit mit einigen der besten Handwerkerinnen und Handwerkern, Meisterbetrieben und Firmen aus der Region lässt sich das gut umsetzen.

TIPP
KULTUR

Die heute als Museum genutzte Kaulbach-Villa in Ohlstadt wurde 1893 nach Plänen des Münchener Malers Friedrich August von Kaulbach erbaut, der sie als Sommerresidenz nutzte. Heute werden in seinem Atelier seine Werke gezeigt.

www.murnau.de/de/kaulbach-villa.html

DER „BULLE VON TÖLZ" UND ANDERE GESCHICHTEN

Einer, der sein Handwerk auch verstand, war Gabriel von Seidl. Der Architekt aus München weilte schon Ende des 19. Jahrhunderts oft als „Sommerfrischler" in **Bad Tölz.** Prominente des europäischen Hochadels, Künstler wie Thomas Mann und andere erhofften sich von den lokalen Jodquellen Heilung von ihren Beschwerden.

Gabriel von Seidl war von der Schönheit der Voralpenlandschaft und speziell des **Isarwinkels** begeistert und ein glühender Verfechter der Erhaltung des Isartals. In Tölz konnte er dann seine Erfahrung als Architekt ausleben: Ohne ihn sähe der Ortskern heute sicherlich nicht so schmuck aus. Am rechten Isar-Flussufer liegt die malerische Altstadt mit der Marktstraße und ihren wunderschön mit Lüftlmalerei verzierten Häuserfassaden. Städtisches Flair inmitten barocker Architektur.

Seit 500 Jahren im Familienbesitz ist das **Höckhen-Haus**, eine echte Tölzer Institution. Ursprünglich Wachs- und Lebzelterei, dann Weinwirtschaft und Gasthaus und heute eine Konditorei mit Café. Bereits 1352 erwähnt, fiel das aus Holz errichtete Haus, genau wie die Stadt selbst, 1453 den Flammen zum Opfer. Damit ähnliches nicht wieder passiert, bauten die Tölzer ihre Häuser daraufhin mit einem ganz besonderen „Baumaterial" wieder auf: mit den sogenannten „Isarbummerln", wie die Flusskiesel der Isar genannt wurden. Extrem nachhaltig, wie man an den wuchtigen, einen Meter dicken Mauern und Wänden sieht.

Auf dem Kalvarienberg über Bad Tölz

Kein Wunder, dass das Höckhen-Haus und die verwinkelte, malerische Tölzer Altstadt vor Jahren eine ideale Filmkulisse für den „Bullen von Tölz" abgaben. Ottfried Fischer klärte von 1995 bis 2009 regelmäßig die Verbrechen der Stadt auf. Wichtigster Anlaufpunkt für seine Fans ist das 2014 in privater Initiative eröffnete **„Bulle von Tölz-Museum"**, in dem sie Fotos der Schauspieler ansehen, in Drehbüchern blättern oder sogar am Schreibtisch von Hauptkommissar Benno Berghammer Platz nehmen können.

Zeit sollte man sich auf alle Fälle noch für einen Besuch auf dem **Kalvarienberg** nehmen. Steil hinauf geht es direkt aus dem Stadtzentrum über **etliche steinerne Stufen.** Der Lohn der Anstrengung: ein toller Blick über die Stadt bis ins Karwendelgebirge. Kulturell Interessierte kommen hier auf ihre Kosten. Die **1726 erbaute Heilig-Kreuz-Kirche,** der Kalvarienberg und die Leonhardikapelle – ein sehenswertes **barockes Ensemble.** Eine **Andachtsstätte,** die an die Leiden Christi erinnern soll. Im Jahr 1711 stellte man hier das erste Kreuz auf. Ein paar Jahre später folgten dann sieben Wegkapellen, die 1725 zusammen mit der Kirche überdacht wurden.

KUNSTVOLLES WANDER-ERLEBNIS

Höher hinauf auf den 1.248 Meter hohen **Blomberggipfel** (5) kann, wer will, gemütlich mit der Sesselbahn fahren. Oben erwartet einen dann ein ganz besonderer „Sinneswandel" – Deutschlands höchstgelegener Kunstwanderweg. „Der Kunstverein Tölzer Land will damit beim Betrachter das Verständnis für die Natur fördern, ihn sensibilisieren und zu ungewohnten Wahrnehmungsprozessen anregen", erzählt der Vorsitzende Bernhard Kleinhenz beim Spaziergang entlang der sehr unterschiedlichen, von oberbayerischen Künstlern geschaffenen Skulpturen, Plastiken und Land-Art-Objekten. Das Besondere: Die Kunstwerke verändern sich ständig, werden durch Wind und Wetter geformt, Materialien altern oder zerfallen ganz, werden durch neue ersetzt.

Und Jana – Autorin, Fotografin und das Gesicht hinter dem Blog „Sonne & Wolken" – hat noch einen ganz besonderen Tipp nach dem Kunst- und Wandergenuss: den Einkehrschwung ins Blomberghaus. „Auf jeden Fall empfehlen kann ich die hausgemachten Käsespätzle mit Salat und die kleine Portion Kaiserschmarrn." Übrigens verwendet man dort ausschließlich Bio-Eier aus artgerechter Tierhaltung!

Längst ist das gesamte Tölzer Land zur **Kräuter-Erlebnis-Region** avanciert. An kaum einem anderen Ort können sich Urlauber besser mit den Geheimnissen der Natur vertraut machen: Kräuterpädagoginnen laden zu Wanderungen und Kochkursen, zum Herstellen von Kosmetik und Seife, während die „Tafernwirte im Tölzer Land" mit leckeren Kräutergerichten verwöhnen und zahlreiche Direktvermarkter zum Erlebniseinkauf auf dem Bauernhof einladen.

Kunst am Berg: die Rote Harfe von Jürn Ehlers

FEINE ALMEN, TOLLE BLICKE UND MUTIGE FLÖSSER

Sogar auf der **Stie-Alm** hoch oben auf dem Hausberg von **Lenggries**, dem **Brauneck**, dreht sich alles um die Kraft der Pflanzen. Der Kräutergarten auf 1.500 Meter Höhe ist aber nicht nur etwas zum „Anschauen und Riechen" für die Ausflugsgäste. „Wir verwenden für unsere Suppen, Soßen und Aufstriche Kräuter aus dem eigenen Bio-Kräutergarten und Wildkräuter, welche auf unseren unbehandelten Almwiesen wachsen", erzählt Besitzer Stefan Obermüller stolz.

Seit 1925 bewirtschaftet seine Familie die Alm, wie es Brauch ist, mit einer eigenen Käserei. Von der Bergstation der Brauneckbahn kommt man nach einem halbstündigen Fußmarsch problemlos zur Stie-Alm und kann es sich dort dann – auch über Nacht

Wanderparadies Brauneck

– gutgehen lassen, Kraft tanken oder noch die eine oder andere schöne Wanderung in Angriff nehmen.

Rund um Lenggries bieten sich aber auch noch jede Menge abwechslungsreiche Fahrradtouren mit dem E-Bike an, zum Beispiel die beliebte, gut 25 Kilometer lange Tour zur Kirchsteinhütte und weiter zur Längental-Alm – mit herrlicher Aussicht auf die Probst- und Benediktenwand! Die Sennerin tischt selbstgemachten Käse auf, nach der Anstrengung genau die richtige Belohnung.

Imposante Berge, herrliche Almen, die glasklare Isar und mittendrin der Luftkurort **Lenggries.** Früher spielte hier die Flößerei eine wichtige Rolle für den Handel mit dem Unterland bis hinein in die Donauländer. Insbesondere Bau- und Brennholz sowie Kalk, aber auch Personen wurden befördert. In der Blütezeit, im zweiten Drittel des 19. Jahrhunderts, landeten jährlich etwa 10.000 Floßtafeln in München.

Die **Flößer** waren gottesfürchtige Menschen, und wenn sie sich auf ihre Reise begaben, war immer

TIPP
WANDERN

Zu den reizvollsten Routen am Brauneck zählt der Große Höhenweg samt Panorama: Bei guter Sicht blickt man über den Starnberger See bis nach München. Im Süden ragen die Gipfel des Karwendels und des Wettersteingebirges mit der Zugspitze in den Himmel.

www.lenggries.de/grosser-brauneck-hoehenweg

ERLEBNIS-TIPP

AUF CA. 22.000 M² bietet der Kräuter-Erlebnis-Park in Bad Heilbrunn eine Vielfalt an Kräutern, Stauden, Gehölzen und Blühpflanzen. In diesem natürlich angelegten Park kümmern sich ausgebildete Kräuterpädagogen liebevoll um die etwa 400 verschiedenen Pflanzen, Kräuter und Blumen und bringen bei Führungen den Besuchern nicht nur die geheimnisvolle Welt und Geschichte der Kräuter näher, sondern erklären auch deren moderne Anwendungsmöglichkeiten. Der Kräuter-Erlebnis-Park mit seinem vielfältigen, beschilderten Pflanzenreichtum und seinen Erlebniszonen lädt bei freiem Zugang zum Spazierengehen und Verweilen ein.

www.toelzer-land.de/a-kraeuter-erlebnis-park

Legendär und ein großer Spaß: die Floßfahrt auf der Isar

Immer ein Auge auf seine Schützlinge: der Heilige Nepomuk

eine kleine tragbare Flößerkapelle mit dabei. Als Schutzheiliger wurde besonders Johannes Nepomuk verehrt. Kein Wunder, dass seine Statue auf der Lenggrieser Isarbrücke steht. Die größte Holzfuhre war wohl die für den Bau des Dachstuhls der Münchner Frauenkirche. 140 Floßtafeln aus Lenggries brachten insgesamt 2.500 Baumstämme in die Landeshauptstadt. Das kulturelle und traditionelle Erbe der Flößerei wird heute im Heimatmuseum mit einer ständigen Ausstellung lebendig erhalten. Und: Für Ausflugsfahrten auf der Isar Richtung München werden die 18 Meter langen Flöße schon seit 1903 genutzt. Die drei heutigen Anbieter sind Nachkommen alter Flößerfamilien.

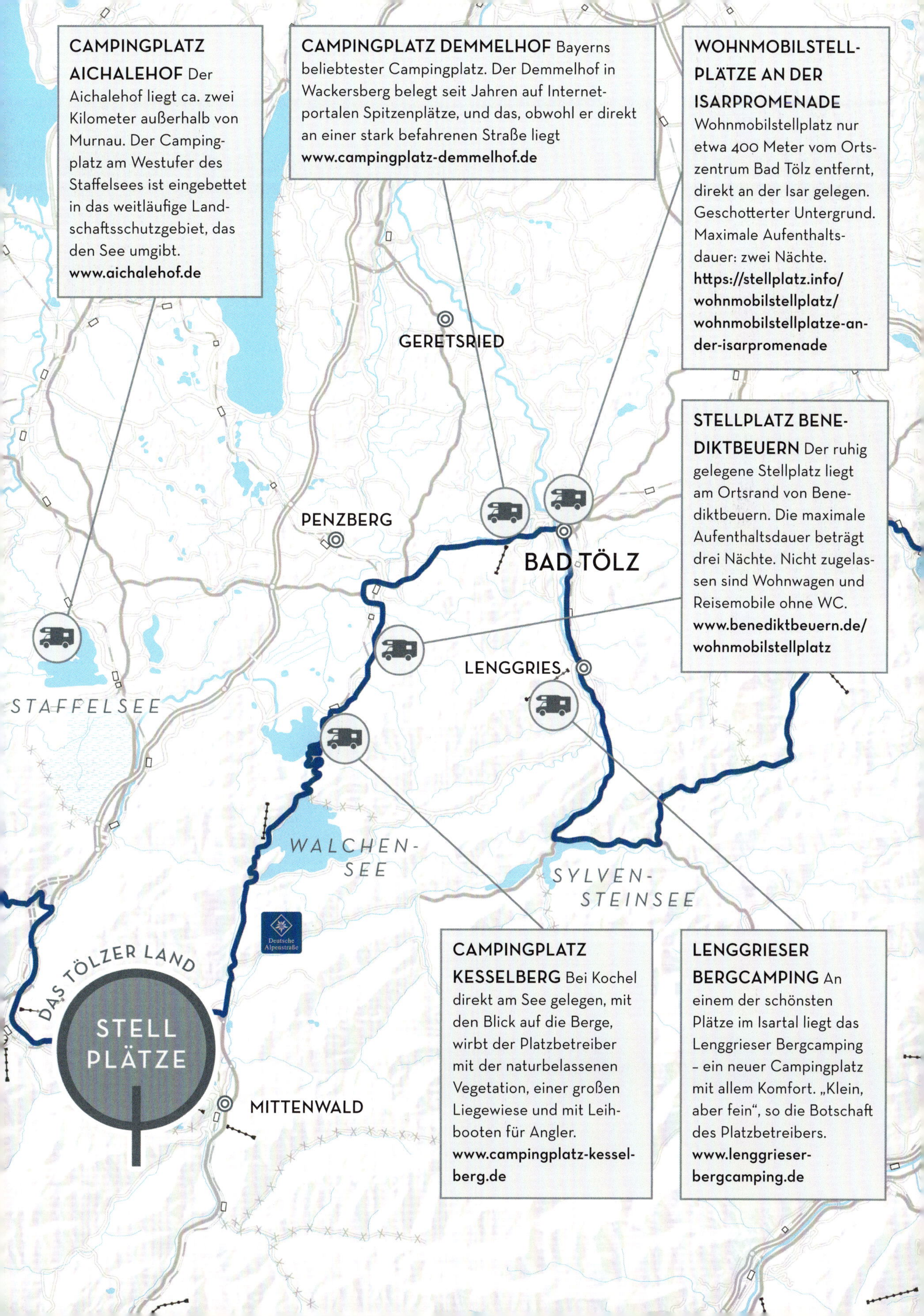

CAMPINGPLATZ AICHALEHOF Der Aichalehof liegt ca. zwei Kilometer außerhalb von Murnau. Der Campingplatz am Westufer des Staffelsees ist eingebettet in das weitläufige Landschaftsschutzgebiet, das den See umgibt.
www.aichalehof.de

CAMPINGPLATZ DEMMELHOF Bayerns beliebtester Campingplatz. Der Demmelhof in Wackersberg belegt seit Jahren auf Internetportalen Spitzenplätze, und das, obwohl er direkt an einer stark befahrenen Straße liegt
www.campingplatz-demmelhof.de

WOHNMOBILSTELLPLÄTZE AN DER ISARPROMENADE
Wohnmobilstellplatz nur etwa 400 Meter vom Ortszentrum Bad Tölz entfernt, direkt an der Isar gelegen. Geschotterter Untergrund. Maximale Aufenthaltsdauer: zwei Nächte.
https://stellplatz.info/wohnmobilstellplatz/wohnmobilstellplatze-an-der-isarpromenade

STELLPLATZ BENEDIKTBEUERN Der ruhig gelegene Stellplatz liegt am Ortsrand von Benediktbeuern. Die maximale Aufenthaltsdauer beträgt drei Nächte. Nicht zugelassen sind Wohnwagen und Reisemobile ohne WC.
www.benediktbeuern.de/wohnmobilstellplatz

CAMPINGPLATZ KESSELBERG Bei Kochel direkt am See gelegen, mit den Blick auf die Berge, wirbt der Platzbetreiber mit der naturbelassenen Vegetation, einer großen Liegewiese und mit Leihbooten für Angler.
www.campingplatz-kesselberg.de

LENGGRIESER BERGCAMPING An einem der schönsten Plätze im Isartal liegt das Lenggrieser Bergcamping – ein neuer Campingplatz mit allem Komfort. „Klein, aber fein", so die Botschaft des Platzbetreibers.
www.lenggrieser-bergcamping.de

Naturschutz beginnt mit Dir

Die wilde Isar

Immer mehr Erholungssuchende kommen ins Tölzer Land. Die Folge: zurückgelassener Müll, Falschparker, Wildcamping. Die Kampagne „Naturschutz beginnt mit Dir" setzt sich dafür ein, Mensch und Natur zu achten. Ein Blick auf die Internet-Seite lohnt sich!
www.dein-toelzer-land.de

Dein Tölzer Land
#Naturschutz beginnt mit Dir
dein-toelzer-land.de

AUSFLUGSTICKER

Der Ausflugsticker wurde für ganz Bayern entwickelt, um Besucherströme zu entzerren, die Erlebnisqualität und die Tourismusakzeptanz der lokalen Bevölkerung zu steigern, sowie Natur- bzw. Umweltschutzmaßnahmen zu verbessern. „Sicherlich auch für unsere Urlaubsgäste ein wertvolles Instrument", so Andreas Wüstefeld, Leiter Tölzer Land Tourismus, „um sich zu informieren." Der Ticker weiß, wo es voll ist, bietet schöne Alternativen fernab der beliebten Ziele – und das übrigens auch für andere bayerische Urlaubsregionen.
www.toelzer-land.de/ausflugsticker#/meldungen

Kunst am Wegesrand

Entspannung pur

NATUR- UND ERLEBNISPFAD ISAR

Die Natur erkunden, an Erlebnisstationen Zusammenhänge erkennen und Wissenswertes erfahren. Auf dem Natur- und Erlebnispfad Isar lernt man den Wildfluss an seinem Oberlauf kennen. Von der Lenggrieser Isarbrücke geht es gut 1,5 Kilometer entlang der vom Fluss geformten Naturlandschaft. Auf dem Weg sind Tafeln mit Nummern und QR-Codes der einzelnen Stationen zu finden; dort erfährt man dann zum Beispiel, dass sich Pionierpflanzen wie z. B. die Purpurweide und die Pestwurz trotz Hochwassers immer wieder ansiedeln.

www.lenggries.de/sommer/natur-erlebnis-pfad-isar

SUP-YOGA

Mit dem SUP unterwegs – das heißt Sport und Naturgenuss in einem. Etwas Übung braucht es schon, aber dann ist die Entspannung perfekt. Das Plätschern des Wassers, sanfte Sonnenstrahlen im Gesicht und ein Lächeln auf den Lippen. Yoga auf dem SUP fordert einen aktiv und wirkt zugleich entspannend auf Geist und Seele. Unterschiedlichste Eindrücke und einzigartige Kulissen gibts am Kochelsee, am Walchensee und am Sylvensteinsee.

www.toelzer-land.de/sup

EXTRA

ALPENREGION TEGERNSEE-SCHLIERSEE

ALPENREGION TEGERNSEE-SCHLIERSEE

Nur eine Stunde südlich von der bayerischen Landeshauptstadt liegt die Alpenregion Tegernsee-Schliersee. Die beiden Gewässer geben einer Gegend den Namen, die bei den Münchnern sehr beliebt und deshalb an Wochenenden und in den Ferien mehr als überlaufen ist. Viele wissen eben, wo es schön ist.

RUND 60 KILOMETER SIND ES von Lenggries bis nach Bayrischzell. An einem Tag ist die Strecke leicht zu bewältigen, aber das wäre schade, lohnt es sich doch, sich für dieses „Fleckerl Oberbayern" mehr Zeit zu nehmen. Ein erster Stopp bietet sich bereits am Sylvensteinspeicher an.

Ein beeindruckender Bergsee mit glasklarem Wasser, der durch seine langgezogene Form und die wilde Landschaft rundherum eher wie ein norwegischer Fjord wirkt. Aber in Wirklichkeit ist er seit 1959 ein Stausee mit einer traurigen Geschichte. Ein ganzes Dorf musste für ihn weichen.

Ursprünglich lag Fall direkt an der Isar im Tal. Damals bestand der Ort größtenteils aus Holzhäusern. Es gab auch ein Gasthaus sowie eine 1740 erbaute Kapelle und ein Forstamt. Als 1954 die Bauarbeiten für den Stausee begannen, musste das ganze Dorf abgerissen werden, und nach der Fertigstellung des Staudamms versank das ganze Tal in den Fluten des neuen **Sylvensteinsees**. Fall wurde einige hundert Meter weiter oben wieder neu aufgebaut und heißt heute Neu-Fall.

DIE HEIMAT BEWAHREN, DABEI ABER NICHT STEHENBLEIBEN

Über den Achenpass – mit seinen 941 Höhenmetern leicht zu bewältigen – nähert man sich dann **Kreuth**; eines von nur vier **Bergsteigerdörfern** im gesamten bayerischen Alpenraum. Wer diese ganz besondere Auszeichnung führen will, muss eine Liste strenger Kriterien für einen bewussten Umgang mit dem landschaftlichen und kulturellen Erbe erfüllen. Dabei geht es u. a. um den Schutz der Landwirtschaft, die Erhaltung des Brauchtums und um eine Baukultur nach strengen Vorgaben.

Eingebettet zwischen Hirschberg, Leonhardstein, Setzberg und den Blaubergen ist die Gemeinde ideal zum Wandern und Ausspannen. Auch Bayerns

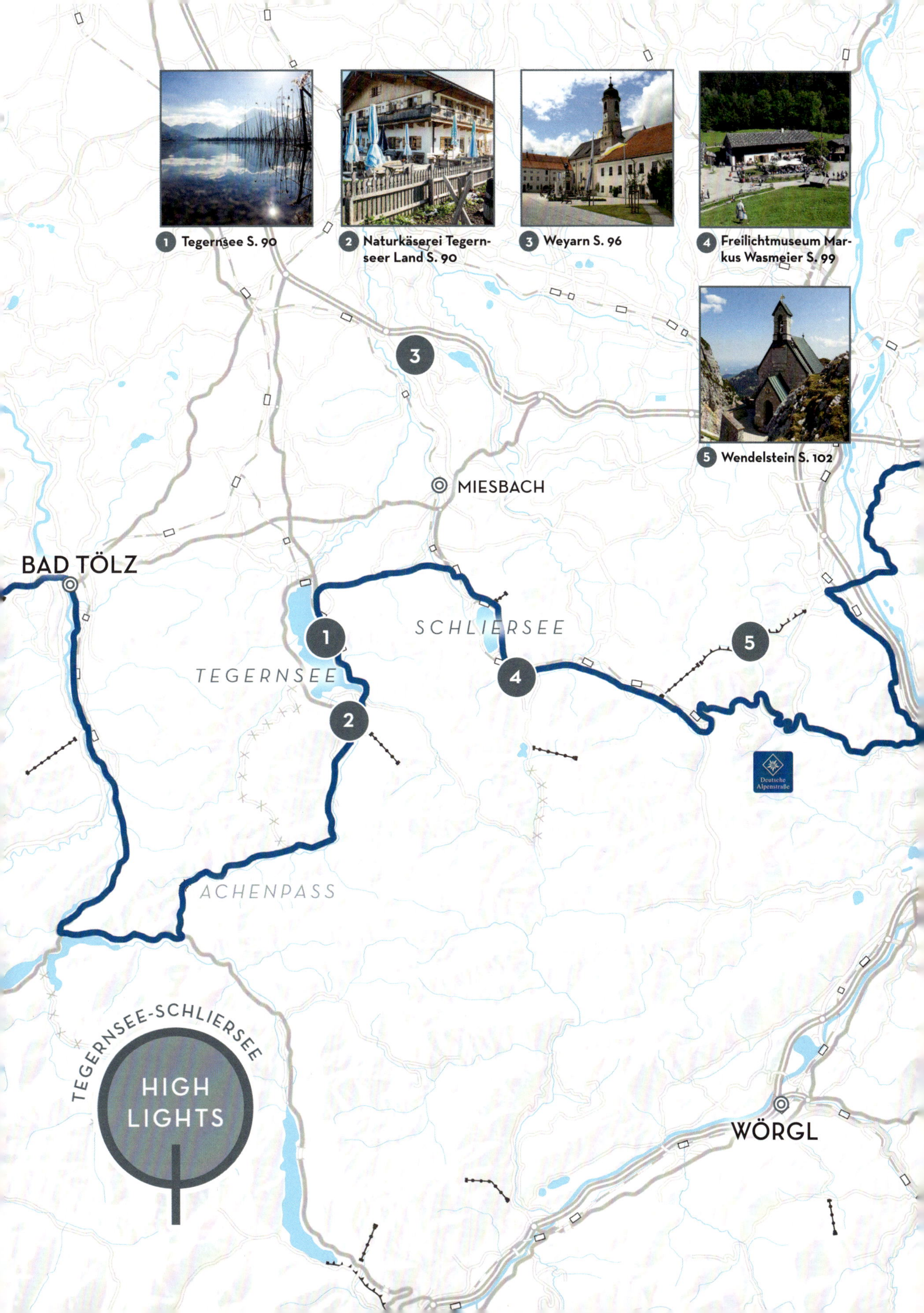
1 Tegernsee S. 90
2 Naturkäserei Tegernseer Land S. 90
3 Weyarn S. 96
4 Freilichtmuseum Markus Wasmeier S. 99
5 Wendelstein S. 102
MIESBACH
BAD TÖLZ
SCHLIERSEE
TEGERNSEE
ACHENPASS
Deutsche Alpenstraße
WÖRGL
TEGERNSEE-SCHLIERSEE
HIGH LIGHTS

Traumhafte Aussicht auf den Wallberg

älteste Leonhardi-Fahrt findet in Kreuth statt, seit mehr als 500 Jahren immer am 6. November. Nach dem Gottesdienst in der Leonhardi-Kirche ziehen prächtig geschmückte Pferdegespanne und verzierte Truhenwägen dreimal zur Segnung durchs Dorf.

Tradition und Moderne – rund um den **Tegernsee** 1 ist das kein Gegensatz. Im Gegenteil. Die Region stellt sich den Herausforderungen einer modernen Touristendestination. So entwickelte „Die Tegernseer Tal Tourismus GmbH" eine **WebApp**, die Gästen für die Zeit ihres Aufenthalts einen digitalen Reisebegleiter auf dem Smartphone zur Verfügung stellt. Hintergrund ist der Wunsch nach einer nachhaltigen Gästelenkung. Die App soll Urlaubern je nach Vorliebe und Situation spontan Ausflugsziele und Aktivitäten vorschlagen – angepasst etwa ans Wetter, aber auch im Hinblick auf die Auslastung des jeweiligen Ziels. „Somit können wir auf die Bedürfnisse jedes einzelnen abgestimmte Informationen liefern", betont TTT-Geschäftsführer Christian Kausch.

Dazu gehört aber auch das Bekenntnis zur eigenen Heimat und das Bemühen, Kultur und Landschaft zu erhalten. Zwölf ganz unterschiedliche Produzenten in der Alpenregion haben sich deshalb zusammengeschlossen, um genau das zu tun. Der Slogan „Werte erleben. Werte genießen" ist hier keine leere Floskel. Jeder, der einen dieser Hersteller von regionalen Produkten besucht, kann das erleben.

DER MUT ZUR VERÄNDERUNG MACHT SICH BEZAHLT

Zum Beispiel in der **Naturkäserei Tegernseer Land**. 2 Der schmucke Verkaufsladen ist ein kleines Para-

TIPP
SOUVENIR

Gmund Papier Shop
Schön anzufassen und noch schöner zu beschreiben – seit 1886 wird im Mangfalltal besonderes Papier hergestellt. Aus der Verbindung von Handwerk und High-Tech entstehen in der weltbekannten Papierfabrik hochwertige Papiere für die unterschiedlichsten Einsätze.
www.werteproduzenten.de/#a13lightbox-work-12189

dies für jeden, der auf regionale Produkte schwört. Bei bis zu 20 verschiedenen Käsesorten hat man die Qual der Wahl. Rein aus **Heumilch** produziert, die also von Kühen stammt, deren Grundfutter ausschließlich aus Weidegras und Heu besteht. „Das heißt, unsere Bauern verzichten auf Silage und andere vergorene Futtermittel und selbstverständlich auch auf gentechnisch veränderte Futtermittel", erfährt man beim Gespräch mit einer der fachkundigen Verkäuferinnen.

2007 entschloss sich ein gutes Dutzend Landwirte aus dem Tegernseer Tal, die Verantwortung für Qualität, Veredelung und Vermarktung ihrer Milch selbst in die Hand zu nehmen, und tat sich zu einer Genossenschaft zusammen. Warum? Der Milchpreis war im freien Fall, der Ruf der Milch wurde immer wieder durch Skandale erschüttert, ein ganzer Berufsstand und mit ihm ganze Regionen waren in der Hand internationaler Großkonzerne und Spekulanten. Heute ist die Naturkäserei ein echtes Erfolgsmodell. Ob draußen im Biergarten, in der Gaststube oder bei einer der spannenden Führungen durch die Schaukäserei – die Liebe zur Heimat und der Wunsch, sie für die nachfolgenden Generationen zu erhalten, hier und bei den anderen „Werteproduzenten" wird das ernstgenommen.
www.werteproduzenten.de

TIPP
KULINARIK

Herzogliche Fischzucht in Kreuth
In den vergangenen Jahren hat sich der Betrieb, an dem früher „nur" produziert wurde, zu einer kleinen, aber feinen gastronomischen Adresse gemausert. Einheimische und Urlauber sitzen gerne vor dem Räucherhaus und genießen die Fischspezialitäten aus dem Kreuther Heilwasser.
www.fischerei-kreuth.de

Im Reifekeller der Naturkäserei Tegernsee

Der Tegernsee zählt zu den saubersten Gewässern Deutschlands. Immerhin 19 verschiedene Fischarten wie Renken, Saiblinge, Forellen, Felchen und Flusskrebse tummeln sich im glasklaren See und fehlen natürlich auch nicht auf den Speisekarten von Gourmet-Restaurants und urigen Wirtshäusern rund um Bad Wiessee, Gmund, Tegernsee und Rottach-Egern.

Eine Institution: der Fährmann in der Egener Bucht

NOBLES AMBIENTE AM TEGERNSEE

Darf's ein bisschen teurer, nobler und gediegener sein? In **Rottach-Egern** am Südufer spielt sich alles rund um die berühmte Seestraße ab. Erstklassige und elegante Hotels, Gourmet-Restaurants, Boutiquen sowie Wellness- und Schönheitsangebote reihen sich aneinander. Ganz am Ende der Egerner Bucht – im Volksmund auch „Malerwinkel" genannt, weil schon Maler, Dichter und Komponisten von ihrer Lage und Schönheit angetan waren – schlägt Drei-Sterne-Koch Christian Jürgens als Küchenchef in der „Überfahrt" seit Jahren kulinarische Wellen.

Schon König Max I. Joseph von Bayern speiste übrigens sehr gerne in der Gaststätte „Überfahrt". Um den Weg von Tegernsee rund um die **Egerner Bucht** zu vermeiden, ließ er sich an der engsten Stelle des Sees zwischen der Halbinsel Point und Rottach-Egern mit einem Boot über das Wasser bringen. Noch heute geht das. Durch Läuten einer Glocke ruft man den Fährmann und wird für eine kleine Gebühr mit Hilfe von Muskelkraft gemütlich im Ruderboot übergesetzt.

Am Tegernseer Ufer ist es dann nicht mehr weit zu der „Institution" am See, dem Herzoglich Bayerischen

TIPP
ERLEBEN

Wer sein Schicksal herausfordern möchte, findet dazu am Tegernsee die passende Gelegenheit. Im Casino in Bad Wiessee kann man sich auf einer Gesamtnutzfläche von über 6.000 m² sowie an 138 bespielbaren Automaten der Spielfreude und gehobenen Unterhaltung „hingeben".
www.tegernsee.com/a-bayerische-spielbank-bad-wiessee

Einkehr im weltberühmten Tegernseer Bräustüberl

Brauhaus, kurz „**Bräustüberl**" genannt. Unter den Gewölben im Tegernseer Schloss ist sie daheim, die berühmte „Liberalitas Bavaria", und das seit über drei Jahrhunderten. Schon während der Regierungszeit von König Max I. Josef trafen Einheimische hier auf europäischen Hochadel, es folgten Sommerfrischler und Künstler, Schöne, Reiche, Wichtige und ganz Normale.

Bis heute ist das so geblieben. Highheels neben Haferlschuh, Rolex neben Rauschebart. Bayerisch zünftig geht es hier zu. Einheimische und Touristen, ohne Unterschied des Geldbeutels, des Titels, der Herkunft und der Religion sitzen an hölzernen Tischen zusammen und genießen die eine oder andere Halbe – via Direktleitung aus den herzoglichen Lagerkellern nebenan direkt ins Glas.

KULTURGUT BAYERISCHES BIER

Ob Helles oder Dunkles – Bier gehört in Bayern traditionell und ohne Zweifel zu den „Grundnahrungsmitteln". Ein Credo, das sich mittlerweile auch junge Braumeister auf ihre Fahnen schreiben, und so liegen auch in der „Alpenregion Tegernsee-Schliersee" Craft-Bier und Micro-Breweries voll im Trend.

Einer der Pioniere des Deutschen Craft-Bieres, Markus Hoppe, braut sein eigenes Bier in Waakirchen, ganz in der Nähe vom Tegernsee und abseits des Trubels. Angefangen hat alles in der Garage von Susi und Dirk Hoppe. „Dort habe ich", so erzählt Markus stolz, „im Januar 2010 die ersten Biere unter dem Namen ‚Markus Hoppes Garagenbräu' gebraut." Nach 14 Monaten auf Mauritius bei der Flying Dodo Brewing Company legte er dann in Waakirchen richtig los.

Es wurde fleißig in anderen Brauereien gebraut und immer mehr Craft-Biere unter die Leute gebracht, nur ein Ziel vor Augen: die eigene Brauerei! „Anfang No-

Brauer und Wirtin aus Leidenschaft,
Markus und Susi Hoppe

Blaue Stunde am Schliersee

Unterwegs auf dem Kulturpfad Weyarn

vember 2018 war es dann endlich soweit. Wir konnten das erste Bier in den eigenen vier Wänden brauen." Seitdem rackert das Team mit großer Begeisterung im **„Hoppbräu"**, zu dem jetzt auch noch die langersehnte Gastronomie „Hoppebräus Zapferei" gehört.

RUHE ABSEITS VOM TOURISTISCHEN TRUBEL

Beschaulich ist es auch in **Weyarn** ③, einer kleinen Ortschaft ein paar Kilometer weg von der Alpenstraße. Aus einer kleinen Burg am Hochufer der Mangfall wurde im 12. Jahrhundert ein Augustinerchorherrenstift, um das sich im Laufe der Jahrhunderte das heutige Dorf entwickelte. So ist es nicht verwunderlich, dass die Dorfmitte Weyarns gleichzeitig der Klosterhof ist – oder eher umgekehrt.

Rund ums ehemalige Kloster geht es eher „entschleunigt" zu, ob am nahegelegenen Seehamer See, auf dem Kulturpfad Weyarn oder der Keltenschanze bei Fentbach. Ein feines Revier zum Wandern und Radfahren.

Dabei sollte man auf alle Fälle einen Abstecher in ein ganz besonderes Wirtshaus einplanen, in die „Gotzinger Trommel". Eine Wirtschaft aus dem 17. Jahrhundert mit einem Wirt, dem Triebel Hans, der nicht nur großen Wert auf die bayerische Küche legt, sondern auch auf die bayerische Sprache. Das Schild am Eingang, „Tschüß-freie Zone", ist durchaus ernst gemeint!

RUNDBLICKE MIT GÄNSEHAUT-FEELING

Wer das Tegernseer Tal gern auch von oben sehen möchte, der kann das mit dem Gleitschirm, per pedes oder aber mit der Bergbahn tun. 1.722 Meter ist der **Wallberg** hoch, und von seinem Gipfel aus hat man einen wunderschönen Blick hinunter ins bayerische Voralpenland. Hinauf kommt man bequem mit der Kabinenbahn oder schweißtreibender in gut 2,5 Stunden zu Fuß, und hinunter geht's dann schwebend mit dem Tandem-Gleitschirm und einem garantiert atemberaubenden Bilderbuch-Panorama.

EIN TAL WEITER, NOCH EIN SEE

Leiser als der Tegernsee zeigt sich der **Schliersee**. Obwohl auch hier an sonnigen Tagen die Autoschlangen am Ufer entlangschleichen, und sich Anwohner und Tourismusverantwortlich ernsthafte Gedanken machen müssen, um dem Besucheransturm einen Riegel vorzuschieben.

Rund um den kleinen, herrlich gelegenen Bergsee bieten sich schöne, auch anspruchsvolle Wanderungen oder Radtouren an. Oder es zieht einen ans Wasser, denn baden kann man im Schliersee natürlich auch.

Früher Augustinerchorherrenstift, heute Rathaus

ERLEBNIS-TIPP

NUR DASTEHEN UND STAUNEN, und über sich nur noch der Himmel, vis-à-vis eine herrliche Bergwelt, unter sich die funkelnden Seen. Es sind solche Momente, die einem den Atem rauben. Ob die ersten, wärmenden Sonnenstrahlen, das weiche, herbstliche Abendlicht oder die bedrohliche, spektakuläre Gewitterstimmung in der Ferne – einmalige Eindrücke und sich ständig wandelnde Ausblicke, die immer wieder für „Wow"-Momente sorgen. Das Beste: Bequem mit der Bergbahn kann man sie erleben. Zum Beispiel auf den Taubenstein. Von dort sind es dann noch gut 1,5 Stunden bequeme Wanderung mit grandiosen Blicken bis zum bewirtschafteten Rotwandhaus.

www.tegernsee-schliersee.de/
die-5-spektakulaersten-ausblicke

Auf dem See hat Jasmin Lauber das Kommando. Seit ihrem 19. Lebensjahr ist sie Kapitänin auf dem Schliersee. Gemeinsam mit ihrer Mutter und ihrem Bruder hat sie den Bootsverleih, den Kiosk und das Ausflugsschiff „Schliersee III" von ihrem Vater übernommen. Für sie selbst sind es die ganz kleinen Momente, die sie bei der Fahrt über den See besonders genießt: „Bei schönem Wetter glitzert das Wasser, als würden Diamanten darauf schwimmen."

Der Schliersee, ein guter Platz auch für Seefischer, Fliegenfischer und Spinnfischer. Der Fischbestand ist riesig. Aale, Hechte, Renken, Schuppenkarpfen, Seeforellen, Spiegelkarpfen, Schleien, Seesaiblinge und Zander kann man hier fangen. Gastangler zahlen zwischen 15 und 18 Euro und können ihrem Hobby dann zwischen dem 1. Mai und 30. September nachgehen.

BERGBAUERN-LEBEN

Richtung Bayrischzell kann man dann noch bei anderen „Werteproduzenten" vorbeischauen. Wer's „geschichtsträchtig" mag, geht ins **Freilichtmuseum von Markus Wasmeier** 4 – ein Herzensanliegen des gebürtigen Schlierseers. Mit seinem „altbayrischen Dorf" schafft es die Ski-Legende, das oft harte und entbehrungsreiche Leben der bäuerlichen Bevölkerung lebendig werden zu lassen, authentisch und ohne Schönfärberei. Verschiedene historische Gebäude mit vier Höfen aus dem Oberland sind detailgetreu wieder aufgebaut, und das bäuerliche Leben des 18. Jahrhunderts zum Leben erweckt, sei es beim Schuster, in der Schmiede oder Schreinerei. Im Museumsdorf leben Hühner, Schweine, Gänse und Kühe, aber auch vom Aussterben bedrohte Tierarten wie zum Beispiel das Bergschaf. Und natür-

Spannender Ausflug in die bayerische Vergangenheit

lich fehlt auch ein echt altbayerisches Wirtshaus nicht. Das süffige Bier wird übrigens nach 300 Jahre alter Tradition in der Schöpfbrauerei des Museums hergestellt.

DIE WHISKY-BRENNEREI MITTEN IN DEN BERGEN

Wer's lieber „hochprozentig" mag, für den dürfte ein Whisky „made in Bavaria" etwas ganz Besonderes sein. **„SLYRS"** heißt er und wird seit 1999 hier am Schliersee destilliert. Ein gälischer Name für einen Whisky aus Oberbayern? Im Jahre 779 gründen fünf aus Irland und Schottland stammende Mönche ein Kloster in der bayrischen Einöde von Schliersee und nennen es Slyrs, korrekt ausgesprochen „Schliers". So bekam die Region ihren heutigen Namen – und 1220 Jahre später auch einen ganz besonderen oberbayrischen Single Malt Whisky.

Hollerblüte rund um Fischbachau

GESUNDE BEEREN

Lohnenswert dann noch ein Abstecher nach **Fischbachau**. Ein alter Wallfahrtsort im oberen Leitzachtal mit Kräuterwiesen und Hollerwegen, das „Kräuter-Dorf Nr. 1" im Landkreis Miesbach! Besonders stolz ist man auf den Holunder, auf Bayrisch „Holler" genannt. Er ist wirklich überall zu finden und verspricht von der Blüte im Frühjahr bis in den Herbst wunderbare Verarbeitungsmöglichkeiten. Aber auch sonst warten wirklich an jeder Hecke und in jeder Wiese wilde Kräuter wie Kümmel, Baldrian, Brennnessel, Giersch, Spitzwegerich und Mädesüß darauf, gepflückt zu werden.

DIE WIEGE DER BAYERISCHEN TRACHTENVEREINE

Tracht, Tradition, Brauchtum, Dialekt und Heimat – in **Bayrischzell** sind diese bayerischen „Exportschlager" besonders tief verwurzelt. Kein Wunder, denn die Trachtenbewegung hat hier ihren Anfang genommen.

„Zu Anfang des Jahres 1883 saßen an einem Sonntagabend fünf bis sechs Burschen, darunter auch der ehemalige Lehrer Vogl, gemütlich bei einem Glas Bier beieinander", so schrieb es ein gewisser Martin Staudacher damals auf. Der Lehrer Vogl war ein großer Fan „der schönen, kleidsamen Tracht" und suchte ein paar Gleichgesinnte für den Kauf einer „ledernen Hose". Und tatsächlich erklärten sich die fünf Burschen mitzumachen. Gesagt, getan, und plötzlich meinte der Lehrer: „Wißt's was! Gründ' ma an Verein!" Am Eingang zum Friedhof erinnert noch heute ein Denkmal an Josef Vogl, den Gründer des „Gebirgstrachten-Erhaltungsvereins Bayrischzell".

Rund um den Bayrischzeller Kirchplatz und das Rathaus gibt es aber noch mehr sehenswertes,

KULTUR-TIPP

STICHWORT „KULTURURLAUB“: Da denkt man eher an Städte wie Florenz oder Paris. Aber wer sich für die Geschichte dieses oberbayerischen Landstrichs interessiert, kommt auch hier nicht zu kurz. Das Olaf-Gulbransson-Museum für Graphik in Tegernsee zeigt eine Auswahl von Werken des Norwegers, der es als Karikaturist der Münchner Satire-Zeitung „Simplicissimus“ zu internationalem Ruhm brachte. Im Orgelmuseum im Alten Schloss Valley spielt der Hausherr während der Führung auf Instrumenten vor. Und in Hausham erzählen der gut sichtbare Förderturm samt Bergbaumuseum die bedeutende Geschichte vom Kohlebergbau im bayerischen Oberland.

www.tegernsee-schliersee.de/kultururlaub

Kleines Gotteshaus mit traumhafter Aussicht

zum Beispiel die 1733 erbaute katholische Pfarrkirche St. Margareth, den historischen Peterhof aus dem 16. Jahrhundert mit seinem zum Kino umgebauten Viehstall oder das alte Schulhaus, in dem einst besagter Lehrer Josef Vogl wohnte. Direkt in der Ortsmitte steht dann noch die Königslinde. 1858 wurde sie zur Erinnerung an die Besteigung des Wendelsteins durch den Bayerischen König Max II. gepflanzt.

UND ZUM SCHLUSS NOCHMAL HOCH HINAUS

Hinauf auf den **Wendelstein**, den Hausberg von Bayrischzell, kommt man heute mit der Gondel oder der Zahnradbahn. 5 Oben erwarten einen schöne Wanderungen, eine Höhle und Deutschlands wohl höchstgelegene Kirche. Die Wendelstein-Kirche wurde 1890 gemäß den Regularien des Pontifikales geweiht. Irrtümlicherweise wird sie oftmals als „Wendelstein-Kapelle" bezeichnet. Die steht aber ganz oben am Gipfel des Wendelsteins. 1718 wurde sie von einem Bauern errichtet, aus Dankbarkeit für das Wiederauffinden seiner im Nebel verirrten Rösser.

Schlechte Sicht wäre dann für die Weiterfahrt Richtung Chiemsee eher schade, bieten die kurvige Sudelfeldstraße und der gleichnamige Pass doch immer wieder abwechslungsreiche Blicke auf die umliegende Bergwelt. Und die kleine Wanderung vom Parkplatz an der Sudelfeldstraße zum beeindruckenden Tatzelwurm-Wasserfall macht bei gutem Wetter natürlich auch mehr Spaß als mit Schirm und Regenjacke.

TIPP
SEHENSWERT

Bayrischzell ist die Heimat des Film-Dorfes „Frühling" aus der gleichnamigen ZDF-Herzkino-Reihe mit Simone Thomalla. Aber auch Markus H. Rosenmüller hat hier schon gedreht – ein gemütlicher „Filmspaziergang" durch den Ort verrät mehr!

www.bayrischzell.de/fruehling-film-dorf-bayrischzell

TEGERNSEE-SCHLIERSEE STELLPLÄTZE

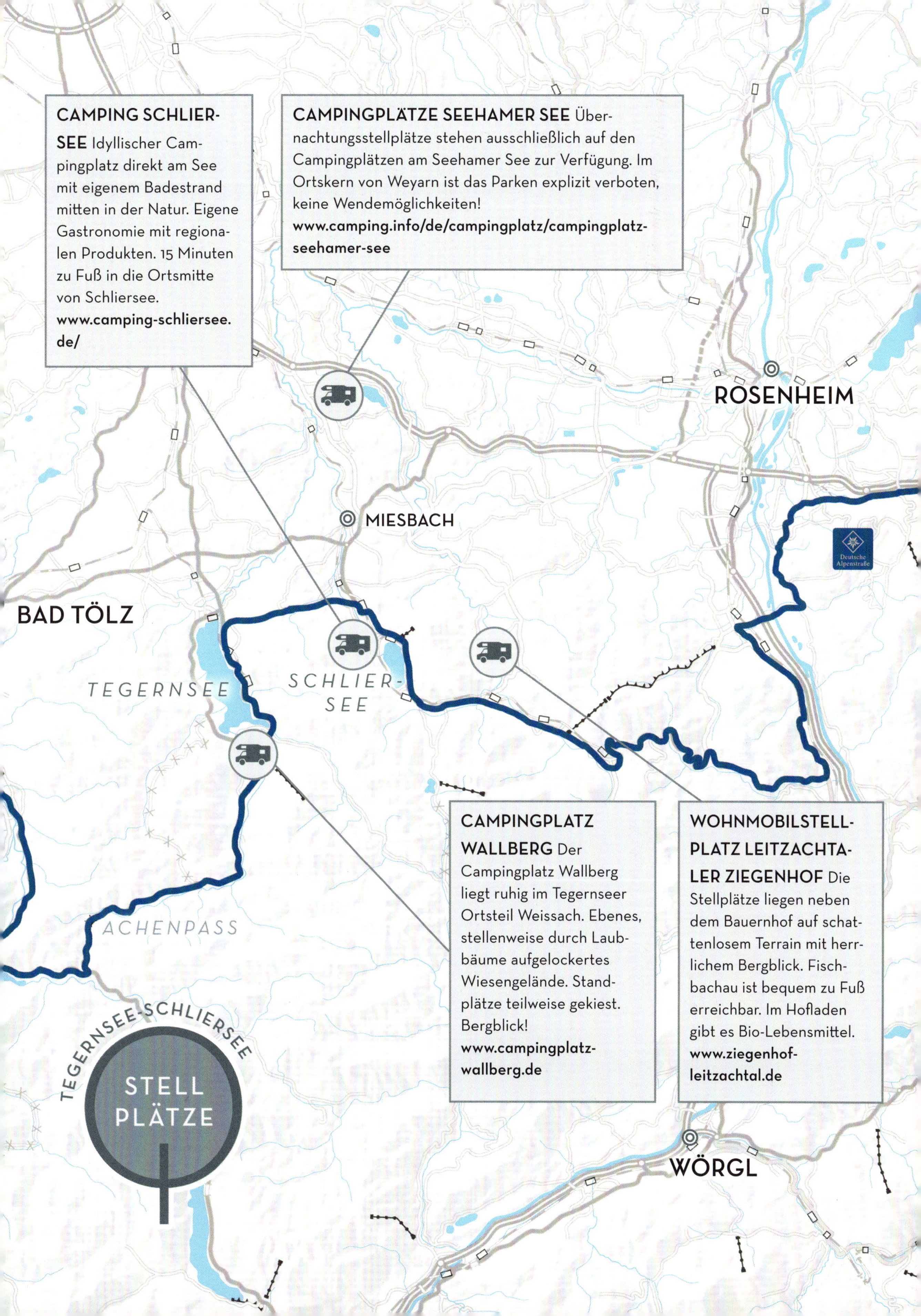

CAMPING SCHLIERSEE Idyllischer Campingplatz direkt am See mit eigenem Badestrand mitten in der Natur. Eigene Gastronomie mit regionalen Produkten. 15 Minuten zu Fuß in die Ortsmitte von Schliersee.
www.camping-schliersee.de/

CAMPINGPLÄTZE SEEHAMER SEE Übernachtungsstellplätze stehen ausschließlich auf den Campingplätzen am Seehamer See zur Verfügung. Im Ortskern von Weyarn ist das Parken explizit verboten, keine Wendemöglichkeiten!
www.camping.info/de/campingplatz/campingplatz-seehamer-see

CAMPINGPLATZ WALLBERG Der Campingplatz Wallberg liegt ruhig im Tegernseer Ortsteil Weissach. Ebenes, stellenweise durch Laubbäume aufgelockertes Wiesengelände. Standplätze teilweise gekiest. Bergblick!
www.campingplatz-wallberg.de

WOHNMOBILSTELLPLATZ LEITZACHTALER ZIEGENHOF Die Stellplätze liegen neben dem Bauernhof auf schattenlosem Terrain mit herrlichem Bergblick. Fischbachau ist bequem zu Fuß erreichbar. Im Hofladen gibt es Bio-Lebensmittel.
www.ziegenhof-leitzachtal.de

Aktiv in der Alpenregion

Schmankerltour und Schweinebraten

Radeln, wandern oder bergsteigen – aktiv sein ist in der Alpenregion Tegernsee-Schliersee wirklich kein Problem. Ganz im Gegenteil. Die Gegend bietet eine wirklich große Vielfalt, um Land und Leute per pedes oder mit dem Fahrrad zu entdecken.
www.tegernsee-schliersee.de/aktiv-sein

E-MOUNTAINBIKE-SCHMANKERL-TOUR

Eine Reise durch das Tegernseer Tal und seine Bergwelt, größtenteils entlang von Forstwegen und Nebenstraßen. Die als leicht beschriebene Tour führt einmal mehr oder weniger um den See. Von Tegernsee geht's Richtung Gut Kaltenbrunn bis zum Wallberg, vorbei an alten Bauernhöfen, durch Rottach-Egern, entlang der malerischen Weissachau bis zur Schwarzentenn Alm in Kreuth. Von hier radelt man zurück vorbei am Bauer in der Au bis nach Bad Wiessee. Gut 3,5 Stunden ist man unterwegs.
www.tegernsee.com/emountainbike-schmankerltour

Ausflugsziel Tegernseer Hütte

Wunderbare Wanderwelt Alpenregion

GIPFELTOUR ROSS- UND BUCHSTEIN

Eine urige Hütte in exponierter Lage sowie ein fantastisches Panorama machen diese Tour zu einem ganz besonderen Bergerlebnis. Die Wanderung zur Tegernseer Hütte verspricht traumhafte Aussichten. Der Blick Richtung Achensee, Karwendel und Nordalpenhauptkamm sowie der Blick über den Tegernsee bis nach München sind zwei der spektakulärsten Aussichten in den gesamten Bayerischen Alpen. Die weithin bekannte Tegernseer Hütte mit ihrer exponierten Lage gleicht einem Adlerhorst zwischen Roß- und Buchstein, ein toller Platz zum Einkehren!
www.tegernsee-schliersee.de/a-gipfeltraum-tour-ross-und-buchstein-tegernseer-huette

PRINZENWEG

Auf dem Prinzenweg vom Schliersee zum Tegernsee – eine echte Traumtour für Genusswanderer! 15 Kilometer Natur und Bergerlebnis pur. Die mittelschwere Tour dauert rund 3,5 Stunden und hat eine Gesamtsteigung von 700 Metern. Beschauliche Wege und Steige wechseln sich mit wunderbaren Ausblicken ab. Der mittlerweile legendäre Prinzenweg Tegernsee-Schliersee ist der ideale Einstieg in die Wanderwelt des Mangfallgebirges.
www.bergfex.de/sommer/bayern/touren/wanderung/11047,auf-dem-prinzenweg-vom-schliersee-an-den-tegernsee/

EXTRA

CHIEMGAU

CHIEMGAU

Ruhpolding ist quasi die Wiege des Tourismus hier im Chiemgau. Vor rund 90 Jahren an Pfingsten hielt der erste Sonderzug am dortigen Bahnhof – voll mit Urlaubern aus Berlin. Dann kam jeden Sonntag ein Zug, und der Chiemgau, ein der schönsten Regionen Bayerns, wurde als Urlaubsdestination bliebt und bekannt.

NATÜRLICH LOCKT AUF diesem Abschnitt der Alpenstraße zwischen Oberaudorf und Inzell das „bayerische Meer", der Chiemsee mit Fraueninsel und Schloss Herrenchiemsee, mit herrlichen Badebuchten und typisch bayerischen Wirtshäusern. Aber man kann den See auch getrost erst einmal links liegen lassen, gibt es doch auch anderswo in dieser herrlichen Gegend für jeden „Urlaubs-Geschmack" das passende Angebot.

DAS BAYERISCHE INNTAL KENNENERNEN …

Mitten im bayerischen Inntal liegt **Oberaudorf.** Outdoor-Begeisterte und Kultur-Liebhaber kommen hier ebenso auf ihre Kosten wie Freunde der guten Küche. Abwechslungsreiche Wander- und Fahrradwege führen über satte Almwiesen, vorbei an schroffen Gipfeln, entlang an plätschernden Gewässern und erfrischenden Badeseen. Und auch kulturell hat Oberaudorf einiges zu bieten: Interessante historische Stätten, die Ruine der ehemaligen Grenzfeste Auerburg und die mittelalterliche Höhlenburg Grafenloch sind vom Ortszentrum Oberaudorf gut zu Fuß erreichbar, ebenso wie das wunderschön gelegene Karmeliterkloster Reisach.

Lohnenswert ist auf alle Fälle der Besuch des Audorfer Museums. Untergebracht im 1489 errichteten Burgtor, erzählt es von der Oberaudorfer Ortsgeschichte. Zum Beispiel davon, dass der Ort an einer wichtigen Handelsstraße nach Italien lag. Geologie, Archäologie, die Innschifffahrt, die örtlichen Gebirgsschützen sind weitere Themen. Wer lieber hoch hinaus will, nimmt die Sesselbahn hinauf zum Hocheck mit der attraktiven Sommerrodelbahn, dem rasanten Flying Fox und dem spannenden Sagenweg oder leiht sich ein Mountainbike, um die abwechslungsreiche Gegend zu erkunden.

UNTERWEGS AUF WUNDERBAREN E-BIKE-TOUREN

Mit einem E-Bike sind längere Touren auch für ungeübte Radler kein Problem. Man kann selbst

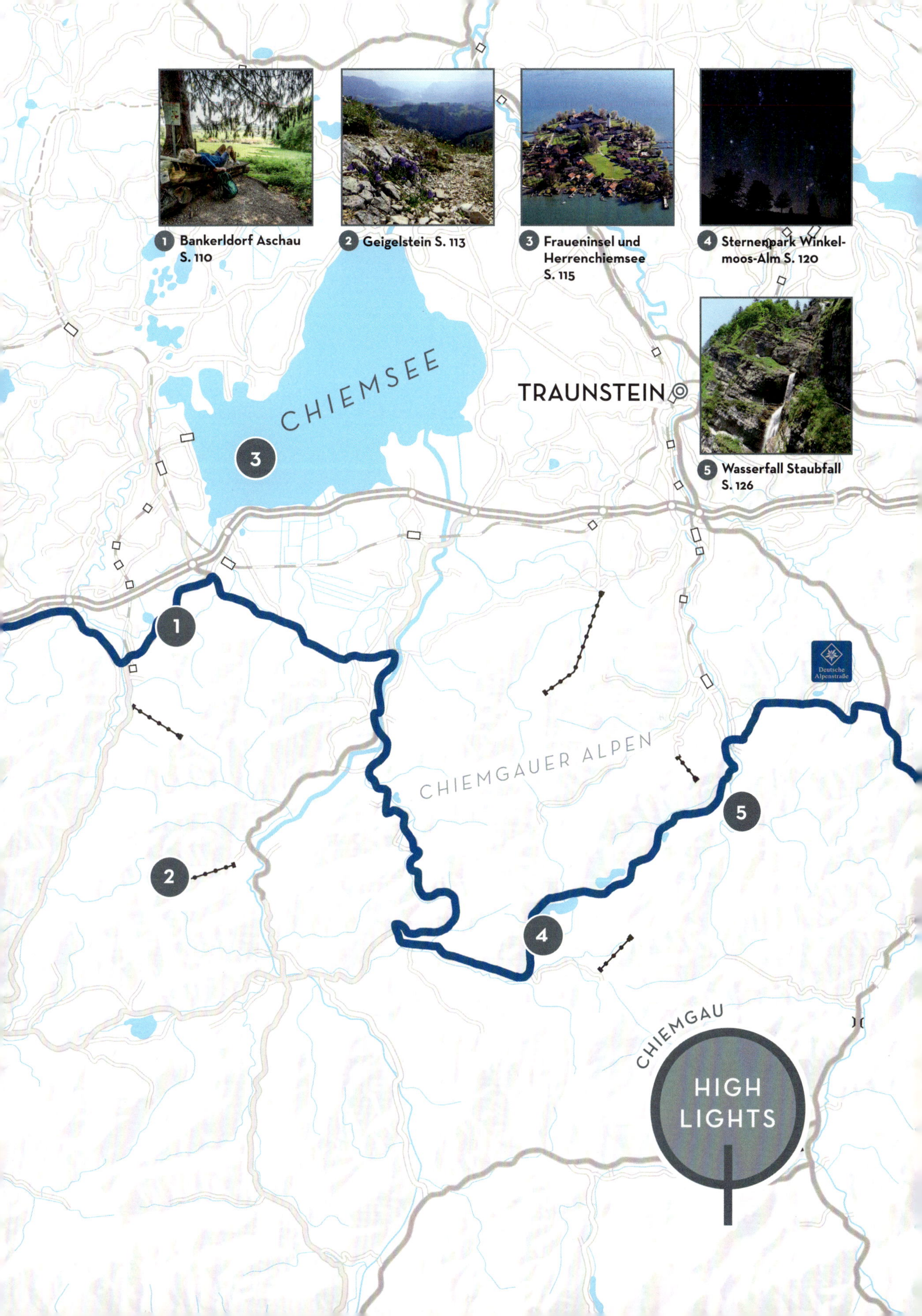

1 Bankerldorf Aschau S. 110
2 Geigelstein S. 113
3 Fraueninsel und Herrenchiemsee S. 115
4 Sternenpark Winkelmoos-Alm S. 120
5 Wasserfall Staubfall S. 126
CHIEMSEE
TRAUNSTEIN
CHIEMGAUER ALPEN
1
2
3
4
5
CHIEMGAU
HIGH LIGHTS

Traumhafte Kulisse am Bichlersee

entscheiden, wann man mit elektrischer Unterstützung fahren möchte und wann nicht. E-Biken eröffnet die Möglichkeit, Strecken zu bewältigen, die sonst zu anstrengend wären. Die eigenen Fähigkeiten einzuschätzen und nicht zu schnell zu fahren, das versteht sich von selbst. Denn auch mit dem E-Bike können auf steinigen Bergrouten oder auf den viel befahrenen Wegen im Tal Unfälle passieren. Wer kein eigenes Fahrrad an Bord hat, kann sich in Oberaudorf und Umgebung problemlos ein E-Bike ausleihen.

Und dann steht einem Ausflug nichts mehr im Wege. Eine mittelschwere Tour, die stets bergauf geht, mit einer Fahrzeit von gut drei Stunden führt sie von der Talstation der Hocheckbahn über die Bad-Trißl-Klinik hinauf zum **Bichlersee**. Oben am gleichnamigen Gasthof angekommen, erwartet einen der herrliche Ausblick auf das Kaisergebirge. Und wer Lust hat, geht dann noch zu Fuß zum malerisch gelegenen See, in dem man sich wunderbar erfrischen kann.

Bleibt noch nachzutragen, dass in Oberaudorf die Weltkarriere eines jungen Mannes als Fußballer begann: Bereits im Alter von drei Jahren spielte Sebastian Schweinsteiger beim FV Oberaudorf. Sein Vater hatte damals ein Sportgeschäft im Ort, das es auch heute noch gibt.

EIN DORF UND SEINE 200 SITZBÄNKE

Leise plätschernd schlängelt sich der Wildbach „Prien“ durch das gleichnamige, leicht hügelige Tal – umrahmt vom Hausberg des Chiemgaus, der Kampenwand. Mit seinem dreigezackten Gipfel das Wahrzeichen der Region – leicht mit der gleichnamigen Seilbahn von Hohenaschau aus „zu erklimmen“.

TIPP
GENUSS
Die Oberaudorfer Privatbrauerei verwendet vor allem Zutaten aus der Region, um die heimische Landwirtschaft zu fördern. Das Malz stammt aus Bamberg, der Hopfen aus der Hallertau. Die Hefe züchtet man selbst. Mehr Wissenswertes erfährt man bei einer Brauerei-Führung.
https://oberaudorfer.de/

Am Fuß des knapp 1.700 Meter hohen Bergs liegt der **Luftkurort Aschau**, auch **„Bankerldorf“** genannt. ❶ Die Idee, in der Ortschaft und ihrer malerischen Umgebung rund 200 eher ungewöhnliche Sitzbänke, die „Bankerl“, aufzustellen – etwas Besonderes für die Urlauber, aber auch ein cleverer Marketing-Schachzug, wie eine Geschichte der Aschauer Gebirgsschützenkompanie zeigt: Die waren bei einem Treffen in Südtirol und wurden von der Bedienung im

Ausspannen rund ums „Bankerldorf"

Bierzelt gefragt, wo sie jetzt herkämen. Sie sagten „aus Aschau" und wollten gerade beschreiben, wo das liegt, als die Bedienung ihnen ins Wort fiel: „Sagts, aus dem Bankerldorf?"

Herausgekommen sind Themenbänke, individuell bemalt, viele mit Schalk und Hintersinn gestaltet, manche mit einer atemberaubenden Aussicht. Gestiftet von Bürgern, Vereinen und Geschäften aus Aschau und Sachrang.

Wenn es um die „Bankerl" geht, ist der **„Boarische Entschleunigungsweg"** besonders schön – mit seinen außergewöhnlich designten Themen-Bankerl und zehn Stationen mit so wunderbar klingenden Namen wie „Boarisch abängen", „Boarisch meditieren" oder „Boarisch chillen". Und der dreistündige Höhenweg bietet darüber hinaus noch schönste Ausblicke auf das Aschauer Tal, das Schloß Hohenaschau und den Gipfel der Kampenwand.

„I gang so gern auf d' Kampenwand, wenn i mit meiner Wampn kannt", ist ein in dieser Gegend berühmter bayerischer Reim, der übersetzt so klingt: „Ich ginge so gerne auf die Kampenwand, wenn ich mit meinem dicken Bauch könnte."

12 METER HOCH UND 54 ZENTNER SCHWER

Um auf den 1.664 Meter hohen Gipfel zu kommen und dann das größte Gipfelkreuz der bayerischen Alpen, das „Chiemgau-Kreuz" zu bestaunen, kann man wählen: bequem mit der Seilbahn, schweißtreibend mit dem Moutainbike oder Schritt für Schritt mit den Wanderschuhen. Bergab gibt es dann noch eine andere,

KULTUR-TIPP

IM LETZTEN DRITTEL DES 12. Jahrhunderts erbauten Konrad und Arnold von Hirnsberg die Burg Hohenaschau. Bedeutsame Adelsgeschlechter erweiterten den Besitz und bauten das Schloß zum Mittelpunkt des Verwaltungssitzes ihrer Herrschaft aus; mit ihrem Einfluß prägten sie Land und Leute im westlichen Chiemgau. Wer das Schloss Hohenaschau besucht, sollte sich auch Zeit für das Prientalmuseum nehmen. Im Erdgeschoss des Museums zeigt der Heimat- und Geschichtsverein die über drei Jahrhunderte währende Geschichte der Eisenindustrie dieser Region (Mitte 16. bis Ende 19. Jahrhundert). Daneben wird die Geschichte der Familie Cramer-Klett dokumentiert, die seit etwa 1900 im und für das Priental ein wichtige Rolle spielt. Das „Burgladerl" und ein reizvoller Innenhof laden zum Anschauen und Verweilen ein.

www.aschau.de/prientalmuseum

spektakuläre Möglichkeit, um Aschau und die Chiemgauer Berge aus einem ganz besonderen Blickwinkel zu genießen: mit einem Tandemflug von der Kampenwand aus.

IHRE HEIMAT IST IHR KAPITAL

Die landwirtschaftlich geprägte Kulturlandschaft erhalten und trotzdem vom Tourismus leben können, dafür setzen sich viele Einheimische hier in der Gegend ein. Da gibt es zum Beispiel das Modellprojekt „Bauernland und Bauersleut", getragen von Bäuerinnen- und Landfrauengruppen aus der Region.

Ein wegweisendes Pilotprojekt für einen modernen, natur- und sozialverträglichen Tourismus. Geschulte Bäuerinnen vermitteln Wissen über die regionale Alpenflora und die Bewirtschaftung der Almen. So auch Christine Danner: „Ich möchte unsere Gäste sensibilisieren für unsere herrliche, intakte Natur und mein Wissen als Bäuerin über die Landwirtschaft weitergeben. Wir Bergbauern leisten schließlich einen entscheidenden, überaus wichtigen Beitrag zum Erhalt unserer schönen Heimat." Rund drei Stunden dauert

Unterwegs auf der Alm

Das eiserne Gipfelkreuz auf der Kampenwand

zum Beispiel die Führung „Almleut und Almleben", bei der die Gäste interessantes vom Leben auf der Alm früher und heute erfahren, aber auch spannende Einblicke in den Arbeitstag einer Sennerin und eines Almbauern bekommen.

Nicht weit von Aschau liegt der kleine Ort **Sachrang**, im oberen Priental umrahmt von den Bergen **Geigelstein** ❷ und **Spitzstein**, mit einem wunderschönen Blick auf den Zahmen Kaiser in Tirol. Eines von vier sogenannten Bergsteigerdörfern, die es in Oberbayern gibt. Beispielhafte Gemeinden, die es sich zur Aufgabe gemacht haben, sich aktiv für eine alternative Tourismusentwicklung und den Schutz der alpinen Natur und Landschaft einzusetzen.

Etwas außerhalb des Ortes, auf einer ruhig gelegenen Lichtung, liegt die **Ölbergkapelle.** Dieses

Blumenpracht am Geigelstein

TIPP
WANDERN

Der Geigelstein ist von vielen Seiten besteigbar. Der wohl schönste und ruhigste Weg startet in Huben nahe Sachrang. Die Rundtour verläuft auf durchweg einfachem Steig oder Forstweg und wird durch zwei tolle Hütten abgerundet.

www.bergtour-online.de/bergtouren/bergwanderungen/leicht/geigelstein

Kirchlein mit hübschem Zwiebelturm hat gleich vier gesonderte Räume. Wegen des steil abfallenden Hanges ist der chorartige Ostteil, der aus dem Jahr 1732 stammt, doppelgeschossig. Er beherbergt unten die Hl.-Grab-Kapelle mit den Figuren der Apostel sowie oben einen Raum mit aufklappbaren, schön bemalten Läden. Er dient als Predigtkanzel, während sich darunter auf dem freien Feld die Wallfahrer versammeln.

EIN ECHTER VISIONÄR

Bis in die Barockzeit hinein reicht die Verehrung der Ölbergszenerie an dieser ehemaligen Nahtstelle zwischen Bayern und Tirol. Der aus Roman und Film bekannte Müllner-Peter von Sachrang rettete die Kapelle 1828 vor dem Verfall und ließ die Wallfahrt wieder aufleben. Eine Tradition, die der Freundeskreis Müllner-Peter von Sachrang an diesem „Ort der Kraft" auch heute noch weiter pflegt.

Peter Hueber, wie der „Müllner-Peter" bürgerlich hieß, wurde 1766 in Sachrang als fünftes Kind des Müllers von Aschach geboren. Er konnte eine weiterführende Schule besuchen, vermutlich in Weyarn. Es war eine Zeit des Umbruchs, Barock und Rokoko verschwanden, neue Impulse kamen aus Frankreich. Unter König Max I. Joseph verbreiteten sich die Ideen der Aufklärung. Wissenschaft und Bildung formten ein neues, fortschrittliches Bayern. Der Müllner-Peter tat das Seinige, um diese auf dem Land noch eher schwache Entwicklung zu forcieren. Ein eigenes Museum würdigt heute seine Verdienste, das **„Müllner-Peter-Museum Sachrang"**.

www.muellner-peter-museum.de

WILDTIERE UND BLUMENPRACHT

Wer hier im Chiemgau Halt macht, darf auf keinen Fall den berühmten **Geigelstein** außer Acht lassen. Seit 1991 steht der **„Blumenberg des Chiemgaus"** unter Naturschutz. Es war ein zäher Kampf der Menschen unten im Tal, bis der 1.808 Meter hohe Berg mit seiner erstaunlichen Artenvielfalt als „schützenswert" eingestuft wurde, wollte man doch dort auch eine Skischaukel bauen. Vorbei wäre es dann gewesen mit ausgedehnten Bergwäldern, Almen und Bergbächen und den vielen Wildtieren, den Gämsen, Murmeltieren und Raufußhühnern.

Und auch mit der berühmten **Oberkaseralm** wäre es dann womöglich vorbei gewesen. Berühmt deshalb, weil die „Marie vom Geiglstoa" nahezu ihr gesamtes Leben dort auf der letzten Hütte vor dem Aufstieg zum Geigelstein verbrachte. Die Sennerin lebte von 1941 bis 2017, bescheiden und im Rhythmus der Natur. Angeblich wegen einer enttäuschten Liebe zog die Marie bereits in jungen Jahren ein unabhängiges Leben auf der Alm vor. Sie blieb das ganze Jahr über, auch wenn das Vieh längst im Tal war.

Gelebter Naturschutz als sichtbares Bekenntnis gemeinsamer Werte zweier Gemeinden: in **Sachrang im Priental**, aber auch in **Schleching im Achental**. Der Geigelstein verbindet nämlich die beiden Dörfer auf eine ganz besondere Art und Weise. Mittendrin thront er über den beiden Orten, und so wurde auch Schleching 2017 in den Kreis der Bergsteigerdörfer aufgenommen. Das Wohnmobil kann man ruhig stehen lassen, wenn man auf den Geigelstein wandert, der Bus bringt einen vom Achental zurück ins Priental – oder natürlich auch andersherum.

EIN SEE, EIN SCHLOSS, EIN KLOSTER

Ein Abstecher an den **Chiemsee** ③ lohnt sich natürlich, auch wenn es hier voller ist und umtriebiger zugeht als im eher ruhigen Priental. Das **„bayerische Meer"** lockt jedes Jahr mehr als vier Millionen

Alpenrosen in voller Blüte

Prachtvolle Wasserspiele bei Schloss Herrenchiemsee

Gäste, die in Hotels, Pensionen, auf Campingplätzen und Bauernhöfen der Region übernachten. Ob die Fraueninsel mit dem weithin sichtbaren Kampanile des Klosters Frauenwörth oder die benachbarte Insel mit Schloss Herrenchiemsee, das der „Märchenkönig" Ludwig II. dort in der Zeit von 1878 bis 1886 als Kopie von Versailles in Frankreich erbauen ließ – allein ist man hier eigentlich nie.

Im Herbst und im Frühjahr bietet sich da noch am ehesten die Chance, auf der Fraueninsel die wunderbaren Fischspezialitäten in Ruhe genießen zu können oder sich bei einer der Inseltöpfereien ein schönes Erinnerungsstück zu besorgen. Blick über die Töpferscheibe inclusive.

KÜNSTLERKOLONIE UND FISCHERS REVIER

Sechs Familien leben noch vom Fischfang, auch **die Familie Lex**. Seit 1857 wird Fisch geräuchert, aber auch fangfrisch im eigenen Laden verkauft: Renken, Aal, Hecht und Zander. „Für uns gibt es keinen schöneren Arbeitsplatz", schwärmt Florian Lex. Schon als Bub hat er es geliebt, mit seinem Großvater auf den Chiemsee hinauszufahren, um zu fischen. Heute ist er der Chef und verantwortlich, dass der Bestand konstant bleibt. „Im Winter wird unserem Hauptfisch, den Renken, der Laich abgestreift und in unserer Brutanlage weiter betreut. So garantieren wir die Nachhaltigkeit des

3 Chiemsee: Abendstimmung am bayerischen Meer

Renken-Vorkommens", erklärt der Berufsfischer. Kein Besuch also, ohne eine der herrlich frischen Fischsemmeln probiert zu haben, die überall auf dem kleinen Eiland angeboten werden.

Auch Künstler hat es auf die Insel gezogen: Frauenchiemsee ist eine der ältesten Künstlerkolonien Europas. Freilicht-Malern wie Max Haushofer und Schriftstellern wie Ludwig Ganghofer und Ludwig Thoma diente die Insel als stilles Refugium. Was das mit den Töchtern des Inselwirts zu tun hat? Als Schüler kam Max Haushofer 1828 zum ersten Mal auf die Insel und übernachtete im Gasthaus „Die Linde". Später heiratete er die Tochter des Wirts, Anna Dumbser, und sein Künstlerfreund Christian Ruben deren Schwester. Damit war der Grundstein für die Künstlerkolonie auf der Insel Frauenchiemsee gelegt.

Als vor rund 150 Jahren die ersten Erholungssuchenden per Bahn und Schiff anreisten und begannen, die Ruhe zu stören, zogen sich die scheuen Maler zurück. Noch heute kann man deren Werke in der Galerie auf Herrenchiemsee anschauen.

Klein, aber fein: die Fraueninsel

KULINARISCH UND TRADITIONELL

Gemütlich mit dem Schiff übersetzen und dann per pedes die beiden Inseln entdecken, oder eher sportlich 60 Kilometer und um den Chiemsee radeln – die Gegend bietet Outdoor-Begeisterten ebenso viel Abwechslung wie Kunst- und Kulinarik-Liebhabern. Apropos Gasthäuser: Wer hier Urlaub macht, hat die Qual der Wahl, wenn es ums Essen geht.

Das unter Denkmalschutz stehende Wirtshaus **„D'Feldwies"** ist nur eines einer ganzen Reihe von urigen Gaststätten, in denen nicht nur die bayerische Lebensart gepflegt, sondern auch Geschichte lebendig wird. Am Südufer des Sees gelegen, geht das Gasthaus mit seiner schnörkellosen, gemütlichen Wirtsstube, der schönen Fassade mit den stuckierten Fensterumrahmungen und dem großen Biergarten bis ins Jahr 1545 zurück. Die Lieferanten für den Wildschweinbraten oder für die Renken kennt man hier persönlich, und wer Innereien mag wie ein saures Lüngerl oder die gebackene Leber, der ist hier genau richtig. Abgesehen davon ist das Wirtshaus eine echte „AG", viele Aktionäre kommen aus Feldwies und dem Chiemgau. Als Dividende gibt's jedes Jahr einen Essensgutschein!

MOORE, SEEN UND LIBELLEN

Auch für **Naturliebhaber** ist der Chiemgau ein lohnenswertes Ziel. Seltene Tiere und Pflanzen finden hier ihre Rückzugsorte: In den südlichen Chiemseemooren haben Biologen den deutschlandweit größten Bestand der Sommerdrehwurz entdeckt, einer vom Aussterben bedrohten Orchideenart, und in der Chiemgauer Seenplatte leben 50 der 70 in Bayern bekannten Libellenarten.

Eiszeitliche Gletscher gaben dem Chiemgau seinen Schliff. Sie hinterließen Seen, Hügel und Moore und

Naturparadies Chiemgauer Seenplatte

formten eine einmalige, bestaunenswerte Landschaft. Weite Teile stehen heute unter Schutz, unter anderem das Mündungsgebiet der Tiroler Achen in den Chiemsee, das Durchbruchstal der Achen mit der Engstelle „Entenloch" und das Gebiet der Chiemgauer Seenplatte. Die östlichen Chiemgauer Alpen, ein Gebiet mit intakten Bergwäldern, Wildbächen und ursprünglichen Almen, steht sogar vollständig unter Schutz.

Die „Chiemsee Naturführer" bieten regelmäßig geführte Entdeckertouren an. Und es gibt auch kostenlose Vogelbeobachtungstouren. Der Chiemsee ist Rückzugsort zahlreicher Wasser-, Wat- und Singvögel. 322 Arten von Bekassine und Braunkehlchen bis zum Wiesenpieper haben Ornithologen seit 1960 am Ufer des bayerischen Meers gesichtet.

ZURÜCK IN DIE ZUKUNFT

Über **Grassau** – übrigens Oberbayerns bienenfreundlichste Gemeinde – geht es entlang der **alten Soleleitung** dann Richtung Reit im Winkl. Aber langsam, ein Blick ins Museum **„Salz und Moor"** lohnt sich hier allemal. Im historischen „Brunnhaus" untergebracht, der einzigen vollständig erhaltenen Pumpstation an der Soleleitung Reichenhall-Rosenheim, lässt die Ausstellung die Geschichte der historischen Salzproduktion

Schützenswerte Moorlandschaft

und das nahegelegene Hochmoorgebiet Kendlmühlfilzen lebendig werden. Übrigens eines der größten Hochmoore Bayerns.

Ein spannender Besuch, versucht man doch heute, Moore wieder zu renaturieren. Nicht nur wegen der seltenen Tiere und Pflanzen, sondern auch wegen der Bedeutung für den Klimaschutz.

www.grassau.de/moormuseum

UNTERWEGS NACH REIT IM WINKL

Jetzt kennt die Deutsche Alpenstraße nur noch eine Richtung: bergauf. Die Straße steigt Richtung Unter- und Oberwössen an. Rund 6,5 Kilometer geht es mit bis zu zwölf Prozent Steigung den Maserer Pass hinauf. Oben ankommen, genießt man die herrliche Aussicht, bevor es wieder talwärts Richtung Reit im Winkl geht.

Zu **Reit im Winkl** ❹ gehört der Name **Rosi Mittermeier** genauso wie das Prädikat **„Luftkurort"**. Das Prädikat – laut jährlichem Gutachten ist das Klima „für Erholung und Gesundheit förderlich" – wird dem Ort seit 1956 ohne Unterbrechung verliehen. Ein Grund: die Höhenlage, die dafür sorgt, dass die Sommerhitze gemäßigt und die Nächte kühl bleiben. Zum anderen kümmert man sich im Ort aktiv darum, dass die gute Bergluft erhalten bleibt: Schneisen im Dorf, die nicht bebaut werden, Bus-Angebote, die den Autoverkehr reduzieren, und Wanderwege, die direkt im Ort beginnen. Nicht zu vergessen: das eigene Biomasse-Heizkraftwerk, das pro Jahr den Bewohnern von Reit im Winkl 130 Tanklastzüge à 30.000 Liter Heizöl erspart.

PITTORESKE KAPELLEN, DIE GOLD-ROSI UND 5000 STERNE

Das Ortsbild ist ein „Hingucker": uralte Häuser und Bauernhöfe mit Balkonen, die im Sommer überquellen von Geranien und Petunien, auffällig viele Kirchen und Kapellen und dazwischen freie Wiesenflächen, auf denen Kühe grasen. Im Ortszentrum unübersehbar: die Pfarrkirche St. Pankratius. 1393 erstmals urkundlich erwähnt, in der jetzigen Form 1913 gebaut und geweiht. Aber auch jeder der **zehn Ortsteile von Reit im Winkl hat seine eigene Kapelle.**

Der bekannteste Ortsteil dürfte die **Winklmoos-Alm** sein. Rosi Mittermeier wuchs dort auf, lernte früh das Skifahren und legte so den Grundstein für ihre erfolgreiche Karriere als Rennläuferin. Heute erreicht man das Hochplateau

Wander- und Mountainbike-Paradies Winklmoosalm

über die Mautstraße. Es gibt jede Menge Wander- und Mountainbike-Möglichkeiten, einen Pilgerweg, einen gemütlichen Sessellift hinauf auf das Dürnbachhorn und einen der schönsten Orte zum Beobachten des Sternenhimmels. Ganz offiziell, zertifiziert als International Dark Sky Park, ein Sternenpark.

5.000 Sterne erwarten einen, zum Vergleich: Im Nachthimmel über München sind ganze 500 Sterne zu sehen. Entweder ganz entspannt auf einer der nackenfreundlichen Sternenbänke oder bei einer Sternführung wird eine solche „Sternen-Nacht" zum unvergesslichen Erlebnis. Und was erfährt man bei dieser Reise mit bloßem Auge durchs Universum? Es geht quer durch Sternbilder und glitzernde Sternfelder, vorbei an Roten Riesen, galaktischen Nebeln und Galaxien, aber auch um Lichtverschmutzung und die Wichtigkeit, Orte mit natürlicher Dunkelheit wie die reizvolle Winklmoos-Alm zu bewahren.

Einer, der den Sternenhimmel jede Nacht genießen kann, ist Hubert Stephan vom Zenzkaser auf

5000 funkelnde Sterne am Himmel hoch über Reit im Winkl

der Winklmoosalm, Almbauer mit Leib und Seele. Seine Familie und er haben das Glück, dort zu leben, wo andere Urlaub machen. Im Sommer, von Anfang Juni bis Ende September, bewirten er und seine Frau Lisa bei entsprechender Witterung almüblich mit Brotzeit, Getränken und hausgemachtem Kuchen, dazu gibt's dann den selbst gemachten Frischkäse, den eingelegten Knoblauchkäse und den Almkäse. „Das schönste an der Alm ist scho, nach getaner Arbeit vor der Hüttentür zu sitzen und die Kühe grasen drumherum", erzählt Hubert Stephan beim Bier auf dem Bankerl und blinzelt zufrieden in den Sonnenuntergang.

Dass Reit im Winkl heute zu Bayern und nicht zu Österreich gehört, verdankt der Ort übrigens einem Kartenspiel: Bei der Landverteilung durch Napoleon

Blick auf die Pfarrkirche St. Pankratius

ERLEBNIS-TIPP

WAS FÜR EINE AUSSICHT, nach einer schweißtreibenden Auffahrt in einen klaren Bergsee oder Alpenfluss zu hüpfen! Bei „bike&swim" sollten der Bikini und die Badehose nicht fehlen. Dann steht dem Bad im kühlen Wasser nichts im Wege. Zum Beispiel auf einer weitläufigen Runde bei Reit im Winkl. Sie führt vom Ort zum Naturschutzgebiet rund um den Weitsee – eine der reizvollsten Landschaften des Chiemgaus – und hinauf zur einsamen Jochbergalm. Schöne Aussicht auf die drei Seen und viele tolle Bademöglichkeiten.

www.chiemsee-chiemgau.info/mtb-48-drei-seen-runde

Klein-Kanada mitten in Bayern

im Jahre 1806 sei der Ort, so die Legende, aufgrund seiner versteckten Lage übersehen worden. Die Landesherren von Bayern, Salzburg und Tirol setzten sich daraufhin zum Kartenspiel zusammen. Bayernkönig Max I. Joseph gewann Reit im Winkl für Bayern durch einen Stich mit dem „Schellunter", seitdem ein Symbol des Ortes und heute an einer Hausecke des Hotel Unterwirt gut sichtbar angebracht.

LOHNENSWERTES KLEIN-KANADA

Das Mekka für Biathlon-Begeisterte lockt jeden Winter weit über 60.000 Fans in die Chiemgau-Arena nach **Ruhpolding**. Aber auch im Sommer kann man sie besuchen und selbst zur Waffe greifen. Am original Kleinkaliber-Schießstand darf man dann auf die Scheiben der Profis zielen und begegnet ihnen ja vielleicht sogar beim Training. Und mit etwas Glück trifft man sogar die Biathlon-Legende Fritz Fischer, Weltmeister, Olympiasieger und langjähriger Bundestrainer der deutschen Biathlon-Männer.

Das Ruhpoldinger Tal wird auch gerne als „**Klein-Kanada**" bezeichnet. Zu Recht. Denn nicht weit vom Ortskern entfernt liegen herrlich eingebettet in eine traumhafte alpine Landschaft glasklare Bergseen. Entlang der Weißen Traun geht es Richtung Süden, ob mit dem E-Bike oder zu Fuß. Und es dauert nicht lang und man erreicht das sogenannte Drei-Seen-

Gebiet. Der Lödensee, der Mittersee und der Weitsee liegen direkt nebeneinander.

Den Ruhpoldinger Hausberg erreicht man mühelos mit der nostalgischen Bergbahn. Schnell ist man am oben am 1.645 Meter hohen **Rauschberg-Gipfel**. Hier kann man herrlich wandern, aber auch eine Kunstmeile entdecken: In der Bergstation eine Gemäldegalerie vom bekannten Siegsdorfer Künstler Angerer d. Jüngere, entlang des Hauptwegs dann die sogenannten Zauberbäume und die acht Meter hohe Stahlskulptur „Adams Hand". Ausgerichtet auf den Vatikan, mahnt das Kunstwerk zum umsichtigen Umgang mit der Natur. Gut eine Stunde dauert das ganze.

FURCHTLOSE KNECHTE UND EINE GEBEUTELTE GRÄFIN

Unten im Tal wartet dann noch ein ganz besonderes Museum, ein kleines Juwel unter den Sehenswürdigkeiten im Chiemgau: das **Holzknecht-Museum.** Es zeigt eindrucksvoll das Leben und die Arbeit der einstigen Waldarbeiter. 2021 wurde die Dauerausstellung über Leben und Wirken der Ruhpoldinger Holzknechte komplett überarbeitet: Raumgroße Illustrationen, Interview- und Hörstationen, historische Lehrfilme und moderne Tutorials, kleine und große Arbeitsgeräte lassen einen den Forstalltag nachempfinden. Und es gibt Mitmach- und Erlebnisstationen, die alle Sinne ansprechen, wie beim Sägen

HIGH LIGHT

5 Wasserfall Staubfall

WANDER-TIPP

DER HÖCHSTE WASSERFALL im Chiemgau sorgt für Gänsehaut-Momente: Der Weg führt auf der Rückseite des Staubfalls nämlich direkt am Fels entlang. In den sogenannten „Schlechten Zeiten" zwischen 1918 bis 1930 herrschte hier noch ein reger Schmugglerverkehr. Heute ist das Naturschauspiel des imposanten Staubfalls, die Kulisse des mäandrierenden Gebirgsbaches sowie das Heutaler Hochtal mit seinen Almen und Gasthäusern ein lohnenswertes Ziel. Vom Parkplatz in der Laubau bei Ruhpolding dauert der Aufstieg knapp zwei Stunden. Der erste Teil des Weges kann auch mit dem Fahrrad bewältigt werden.

www.chiemgau-wandern.de/ruhpolding/staubfall

und Holzziehen oder bei der digital zu steuernden Holzernte.

Wer es lieber sportlich mag, für den dürfte **„Adventure Golf"** genau das richtige sein. Ist genauso abenteuerlich, wie es sich anhört. Durch die Verbindung von Minigolf und Golf wird hier zwar auf Bahnen gespielt, aber mit Kunstrasen. Und jede Bahn steht unter einem ganz besonderen Motto. Das eine Mal muss der Ball erst durch eine Gondel durch, bevor er ins Loch gespielt werden kann. Ein anderes Mal muss der Ball durch die Füße eines Trachtlers gespielt werden, erst dann kann man „einlochen". Und dann gibt es noch eine Bahn mit echten Fahrrädern drauf.

Der Lohn für all die Anstrengungen im Tal oder am Berg: die riesigen Windbeutel im legendären **Bauernhauscafé „Windbeutelgräfin"**. Die historischen Wurzeln des Ruhpoldinger Windbeutels lassen sich bis zum Jahre 1950 zurückverfolgen. Damals versuchte eine Gräfin von Sommnitz, sich mit dem Brandteiggebäck ein bescheidenes Einkommen zu sichern: Sie verkaufte die Windbeutel mit einem Haferl Kaffee an vorübergehende Spaziergänger. Schließlich fand sie eine Bleibe im ehemaligen Mühlbauernhof, einem prächtigen Bauernhaus. Das Geschäft blühte. Und so kam es, dass die Ruhpoldinger nicht mehr von der Gräfin von Sommnitz, sondern von der „Windbeutel-Gräfin" sprachen. Eine echte Erfolgsgeschichte, gehen doch heute jährlich an die 70.000 Windbeutel über die Ladentheke im historischen Mühlbauernhof.

Kleine Kunstwerke bei der „Windbeutelgräfin

Golfsport auf Ruhpoldinger Art

EIS-KALTER SEE UND URIGE ALMEN

Was für Ruhpolding der Biathlonsport ist, ist für **Inzell** der Eislaufsport. Mit der Max Aicher Arena ist der Ort das Eldorado für Eisläufer. Jedes Jahr trainieren hier über 3.500 Sportler aus 20 Nationen. Das Inzeller Eis ist schnell, hier werden die meisten internationalen Bestzeiten gelaufen.

Aber Inzell ist bei weitem noch mehr: Da gibt es Berge wie den Zinnkopf mit abwechslungsreichen Mountainbike-Trails, den Teisenberg mit der **Stoisser Alm** und einem der besten Käseblechkuchen der Region, den Staufen, der sogar mit Klettersteigen lockt, das einzigartige Inzeller Moor oder den **Frillensee,** ein Relikt der letzten Eiszeit, entstanden beim Abschmelzen der mächtigen Gletscher. Seine Besonderheit: Er friert von innen nach außen zu und gilt als der kälteste See in Mitteleuropa.

Die Inzeller Bauernbühne hat längst Kultstatus. Die Schauspiel-Truppe hat rund 40 Mitglieder im Alter von zehn bis fast 80 Jahren, die auf und hinter der Bühne stehen. Gespielt wird in bayerischer Mundart – ohne Untertitel. Im Sommer finden die Aufführungen auf der Freilichtbühne im Falkenstein-Steinbruch statt. Dichter Wald umgibt das runde Areal, hin kommt man nur zu Fuß. Ein mystischer Ort, genau richtig für unterhaltsame Abende unter freiem Himmel.

SPORTLICHES TREIBEN

Und schließlich gibt es da noch – neben all den schönen Wanderungen, Moutainbike-Strecken und dem Inzeller Badepark – Deutschlands größte Soccergolf-Anlage. Ein zugegebenermaßen eher ausgefallener, aber vergnüglicher Zeitvertreib, Fußball-Golf. Ein bisschen Konzentration und Geschick bedarf es aber schon. Der Ball muss über weite Strecken, um Ecken oder durch Betonringe und Torwände ins Loch gespielt werden. Sieger ist – wie beim Golf –, wer über alle 18 Bahnen die wenigsten Schüsse benötigt.

Und wem das zu anstrengend ist, für den gibt es noch eine ganz spezielle Wanderung: den **Kalorienweg.** Zehn Tafeln, verteilt auf eine Strecke von sechs Kilometern, zeigen dabei den Kalorienverbrauch an. Nach 13 Minuten ist ein Glas Wein abgearbeitet. Nach 48 Minuten Fußmarsch dürfte man sich bereits eine Forelle blau gönnen, nach 90 Minuten gar eine ganze Schweinshaxe. Wenn das kein Ansporn ist, sich in der herrlichen Inzeller Landschaft zu bewegen.

Deutschlands größter Soccergolf-Platz

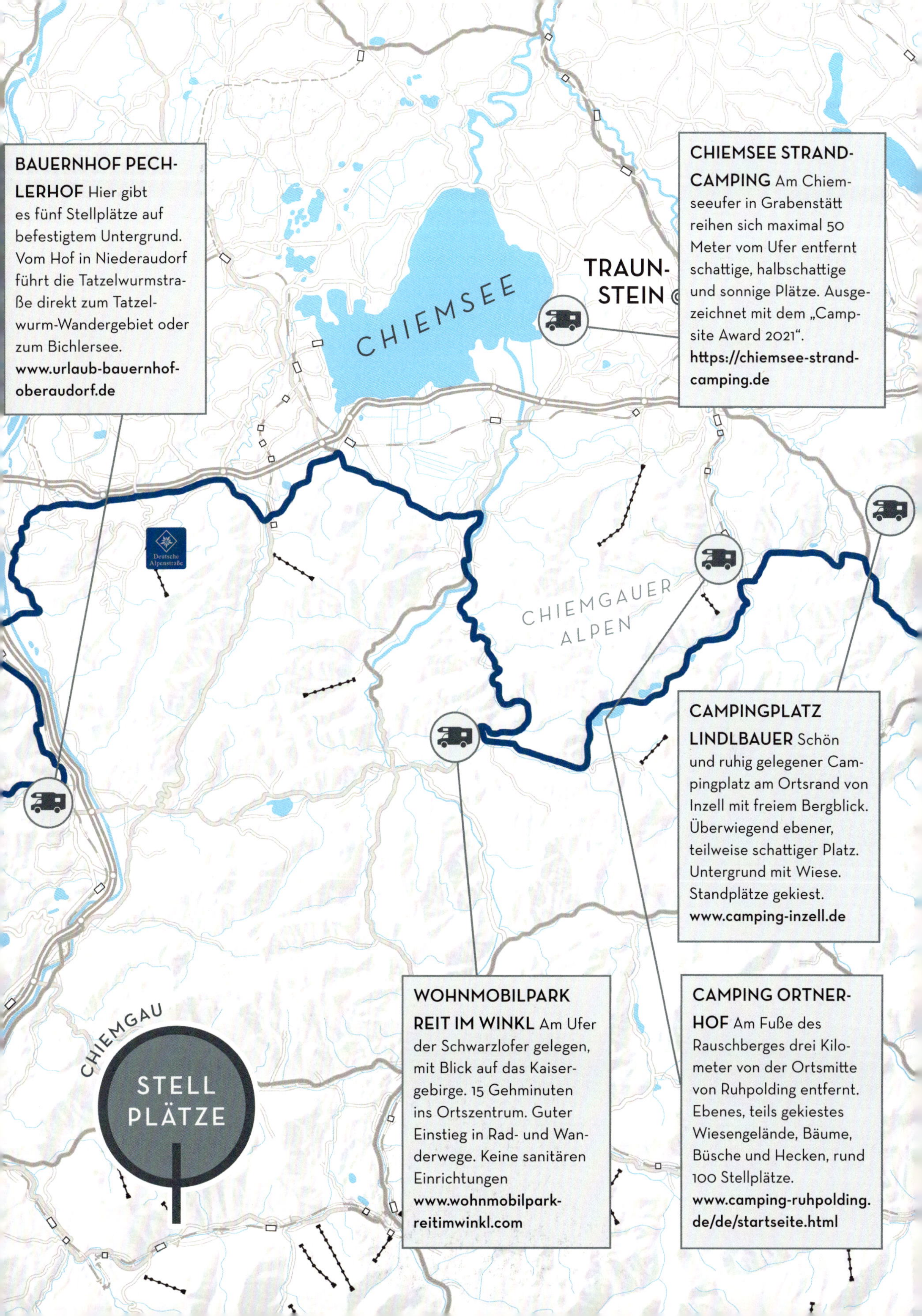

BAUERNHOF PECHLERHOF Hier gibt es fünf Stellplätze auf befestigtem Untergrund. Vom Hof in Niederaudorf führt die Tatzelwurmstraße direkt zum Tatzelwurm-Wandergebiet oder zum Bichlersee.
www.urlaub-bauernhof-oberaudorf.de

CHIEMSEE STRANDCAMPING Am Chiemseeufer in Grabenstätt reihen sich maximal 50 Meter vom Ufer entfernt schattige, halbschattige und sonnige Plätze. Ausgezeichnet mit dem „Campsite Award 2021".
https://chiemsee-strand-camping.de

CAMPINGPLATZ LINDLBAUER Schön und ruhig gelegener Campingplatz am Ortsrand von Inzell mit freiem Bergblick. Überwiegend ebener, teilweise schattiger Platz. Untergrund mit Wiese. Standplätze gekiest.
www.camping-inzell.de

WOHNMOBILPARK REIT IM WINKL Am Ufer der Schwarzlofer gelegen, mit Blick auf das Kaisergebirge. 15 Gehminuten ins Ortszentrum. Guter Einstieg in Rad- und Wanderwege. Keine sanitären Einrichtungen
www.wohnmobilpark-reitimwinkl.com

CAMPING ORTNERHOF Am Fuße des Rauschberges drei Kilometer von der Ortsmitte von Ruhpolding entfernt. Ebenes, teils gekiestes Wiesengelände, Bäume, Büsche und Hecken, rund 100 Stellplätze.
www.camping-ruhpolding.de/de/startseite.html

Geschichte und Geschichten

Mitteleuropas größtes Binnendelta

Der Chiemgau steckt voller Geschichten. Seine Kultur reicht zurück bis zu den Kelten und Römern. Herzöge und Könige haben an den schönsten Stellen Klöster und Schlösser gebaut, Künstler die herrliche Landschaft für sich entdeckt. Wussten Sie, dass …

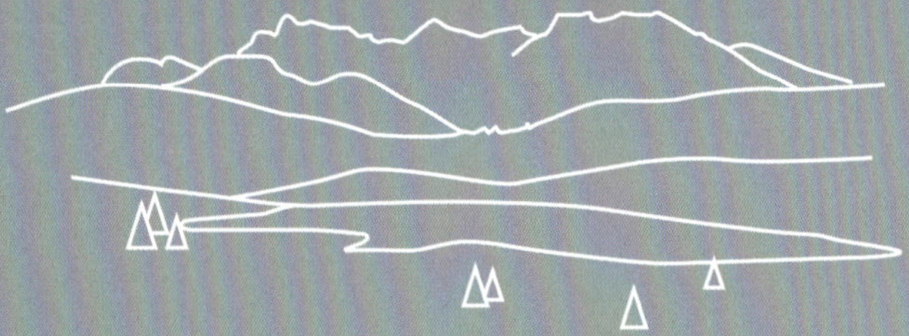

DER NATUR AUF DER SPUR

… das Delta der Tiroler Ache im Chiemsee Mitteleuropas größtes Binnendelta und außerdem ein großes Naturschutzgebiet ist? Eine Bootstour aus dem Programm „Der Natur auf der Spur" führt bis an seinen Rand und gibt Antwort auf die Frage, warum das Delta jedes Jahr um die Größe eines Fußballfeldes wächst. An der Grenze des Naturschutzgebietes kann man außerdem die ungestörte Vogelwelt bewundern, die Unterwasserwelt untersuchen und lernen, welchen Einfluss die Jahreszeiten auf den See haben. Danach darf man sich einen „profunden Kenner des Bayerischen Meeres" nennen.
www.tourismus.prien.de/erlebnisse/der-natur-auf-der-spur

Unterwegs auf dem Herrenchiemsee

Bayerns ältestes Naturschutzgebiet

MEHR ALS NUR DAS KÖNIGS-SCHLOSS

... es auf der Herreninsel im Chiemsee auch eine Bio-Schnapsbrennerei, eine Chiemseemaler-Ausstellung, das Verfassungsmuseum und einen Kutschbetrieb gibt? Der Pferdewirtschaftsmeister Helmut Meidert unterhält 30 Kaltblüter in den Ställen und bietet im Sommer auch den Kutscherführerschein an. Hier kann man lernen, achtspännig zu fahren. Der Landschaftsgärtner Sigi Angerer brennt in der alten Schlossbrennerei aus dem Obst der königlichen Plantagen Schnaps, den es dann im Andenkenladen der Insel und im Wirtshaus zu kaufen gibt.

www.herrenchiemsee.de/

17 SEEN AM STÜCK

... die Eggstätt-Hemhofer Seenplatte das älteste Naturschutzgebiet Bayerns ist? Auf zahlreichen Wanderwegen lassen sich die 17 Toteis-Seen auskundschaften – und viele lauschige Badeplätze entdecken. Die Landschaft ist charakterisiert durch die Formung in der letzten Eiszeit: Gletscher zerfurchten die Oberfläche, hinterließen Gesteinswälle und Eisblöcke. Die Eggstätt-Hemhofer Seenplatte mit ca. 1.000 Hektar gilt als eine der bedeutendsten Eiszerfallslandschaften des bayerischen Alpenvorlandes.

www.chiemsee-alpenland.de/entdecken/alle-sehenswuerdigkeiten/eggstaett-hemhofer-seenplatte-77d90e58f2

EXTRA

BERCHTESGADENER LAND

BERCHTESGADENER LAND

Hochalpine Gebirgslandschaften, urwüchsige Täler, malerische Dörfer, sanfte Hügellandschaften, tief verwurzeltes Brauchtum – das ist das Berchtesgadener Land. Heute erstreckt sich der Landkreis über 840 Quadratkilometer und reicht vom Königssee bis zur Salzach in Laufen.

„HERR, WEN DU LIEB HAST, den lässest Du fallen in dieses Land", kein geringerer als Ludwig Ganghofer hat das gesagt. Für den bayerischen Schriftsteller war das Berchtesgadener Land schon in den 1880er Jahren ein Sehnsuchtsort, und auch berühmte Persönlichkeiten wie Sigmund Freud, Carl von Linde oder Alexander von Humboldt sind der Einzigartigkeit dieser Landschaft erlegen. Für den Naturforscher eines der „schönsten Fleckerln auf der Erde". Bis heute Fluch und Segen, wird die Gegend rund um Berchtesgaden in den Sommermonaten doch regelrecht überrannt. Mit der Beschaulichkeit und Ruhe ist es dann vorbei. Kaum auszudenken, was los wäre, wenn man auf den Watzmann eine Bergbahn gebaut hätte, wie es tatsächlich einmal geplant war.

Das steht er breit und mächtig, der **Watzmann**, das Wahrzeichen des Berchtesgadener Landes. ❶ Ganz egal, aus welcher Richtung man ihn betrachtet, sein Anblick flößt Respekt und Demut ein. Nicht nur seine Höhe von 2.713 Metern, sondern auch seine außergewöhnliche Form und seine berüchtigte Ostwand machen ihn so berühmt.

Mächtig thront der Watzmann über dem Berchtesgadener Talkessel, umwoben von einer traurigen, furchteinflößenden Sage: Der böse König Watze tyrannisierte das Berchtesgadener Land und wurde als Strafe für seine Greueltaten von Gott mitsamt seiner Familie zu Stein verwandelt. Daher auch der Name Watzmann sowie Watzmannfrau und die Watzmannkinder – kleinere Gipfel, die ebenfalls zu diesem imposanten Gebirgsmassiv gehören.

EIN HÜTTENEHEPAAR AUS LEIDENSCHAFT

Für erfahrene, gut ausgerüstete, schwindelfreie Bergsteiger ist die „Watzmann-Überschreitung" ein lohnendes, aber auch anspruchsvolles Unterfangen. Ausgangspunkt: das **Watzmannhaus**. Ein traditioneller Stützpunkt, der schon Generationen von Alpinisten Unterkunft und herrliche Aussicht ins Tal bot. **Annette und Bruno Verst** kümmern sich zusammen mit ihrem Team rührend um die Gäste – und das schon

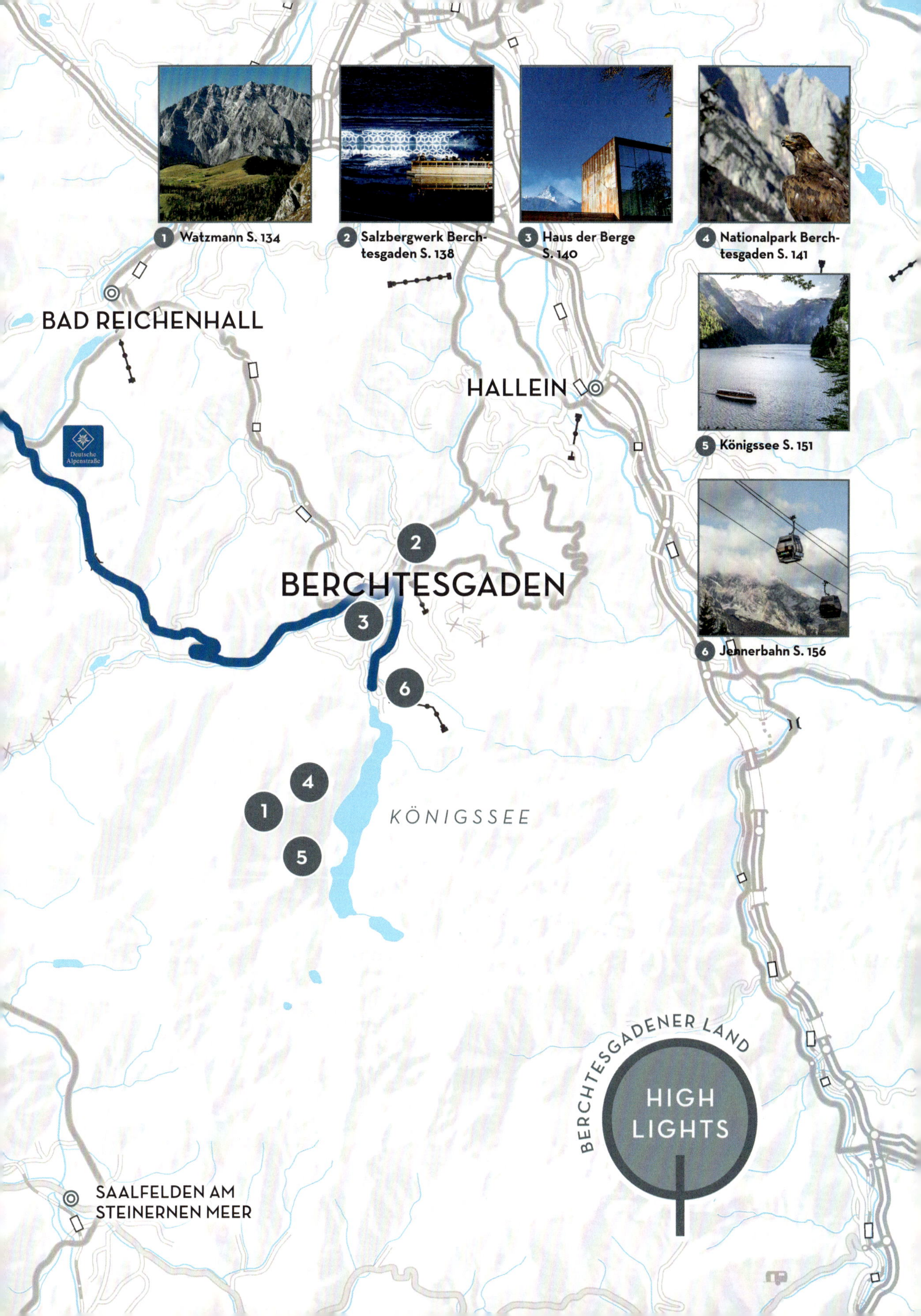
1 Watzmann S. 134
2 Salzbergwerk Berchtesgaden S. 138
3 Haus der Berge S. 140
4 Nationalpark Berchtesgaden S. 141
5 Königssee S. 151
6 Jennerbahn S. 156
BAD REICHENHALL
HALLEIN
BERCHTESGADEN
KÖNIGSSEE
SAALFELDEN AM STEINERNEN MEER
Deutsche Alpenstraße
BERCHTESGADENER LAND
HIGH LIGHTS

seit weit über 20 Jahren. Ein Hüttenehepaar, dem man seine Begeisterung und die Leidenschaft selbst dann noch anmerkt, wenn die Hütte mit bis zu 200 Übernachtungsgästen voll belegt ist.

Hüttenwirtin Annette Verst hat im Watzmannhaus auch die Nachhaltigkeit fest im Auge. Hier oben auf 1.930 Meter Höhe bereitet sie Essen ausschließlich à la carte zu, um Abfall möglichst zu vermeiden. Kein ganz leichtes Unterfangen: „Den Kompromiss zu finden zwischen der Verpackung und trotzdem einen Vorrat da zu haben, damit man flexibel reagieren kann, wenn doch mal ein paar Gäste mehr kommen."

Vor zwei Jahren erst wurde das Watzmannhaus generalsaniert und gilt in Sachen Umwelttechnik als Vorzeigemodell unter den Alpenvereinshütten. In den Waschräumen gibt es zum Beispiel keine Duschen. Die

TIPP
PRAKTISCH

Die Berchtesgadener-Land-App beschreibt mehr als 500 Touren für Wanderer, Rad- und Mountainbikefahrer. Sämtliche Touren beinhalten detaillierte Informationen inklusive Beschreibung, Bilder und ein Höhenprofil.
www.berchtesgaden.de/wandern/app

Waschbecken haben ausschließlich Spar-Armaturen. „Der Wasserstrahl ist nicht sehr stark, das ist gewollt", erklärt Annette Verst, „ganz einfach, dass unseren Besuchern auch bewusst wird, dass man Wasser sparen muss." Wie die rührige Hüttenwirtin überhaupt ihre Gäste in die Pflicht nimmt: „Sie können zur Nachhaltigkeit auch vieles beitragen", ermuntert Annette Verst die Wanderer und Bergsteiger, die wirklich aus aller Herren Länder stammen. Gut vier Stunden brauchen sie, um zum Watzmannhaus zu gelangen.

Unterkunft für Generationen von Alpinisten: das Watzmannhaus

Sehnsuchtsort und Schicksalsberg: das Watzmann-Massiv

DER OSTWAND-ERSTBESTEIGER

Wie es da wohl dem allerersten Wirt auf dem Watzmannhaus erging? Bis heute ist **Johann Grill**, Jahrgang 1835, eine Legende in Bergsteigerkreisen. Von allen nur „**der Kederbacher**" gerufen – nach seinem Hof in Ramsau – hat er die legendäre Watzmann-Ostwand als Erster durchstiegen. 1881 war das, zusammen mit dem Wiener Otto Schück, in 14 Stunden. Der Kederbacher gilt als der erste deutsche Bergführer, und er war es auch, dem als erstem die Watzmann-Überschreitung, also die Überquerung der drei Hauptgipfel, geglückt ist. Nicht immer waren die Besteigungen erfolgreich: Insgesamt fanden schon über 100 Bergsteiger in den Wänden von Berchtesgadens höchstem Berg den Tod, die oft gehörte Bezeichnung Schicksalsberg kommt also nicht von ungefähr.

Schicksalsberg Watzmann – auch Schriftsteller, Maler und Sänger zog das imposante Bergmassiv immer magisch an. Der bayerische Schriftsteller Ludwig Ganghofer verarbeitete den Mythos in seinem Roman „Die Martinsklause". Selbst Caspar David Friedrich, der bedeutendste unter den deutschen Malern der Romantik, ist der Faszination Watzmann erlegen. Mit Wolfgang Ambros' Kult-Musical „Der Watzmann ruft" schaffte es der „grausame" Berg sogar auf die Leinwand und etliche Theaterbühnen.

Spannende Zeitreise im Salzbergwerk

SALZ, DAS „WEISSE GOLD" AUS BERCHTESGADEN

Abtauchen in die Unterwelt von Berchtesgaden? Kein Problem. Die Salzgewinnung spielt hier bis heute eine große Rolle. Aus dem 1102 gegründeten Augustiner-Chorherrenstift wurde im 15. Jahrhundert das kleinste Fürstentum Deutschlands, und über Jahrhunderte schwelte zwischen Bayern und Salzburg der Streit um das weiße Gold.

Seit 1517 wird Salz gefördert. Noch heute holen die Bergleute die Sole, salzhaltiges Quellwasser, aus dem Berg und schicken sie in die 20 Kilometer entfernte Saline nach Bad Reichenhall, wo sie dann zu Salz verarbeitet wird. Berchtesgaden ist übrigens das älteste aktive **Salzbergwerk** Deutschlands, und wer will, kann auf einer „**Salzzeitreise**" spannende Geschichten erfahren. 2

Mit dem Überziehen eines Overalls beginnt sie, und mit der Grubenbahn und einem „Glück auf!" geht es in Begleitung eines Bergmanns in die Tiefe. Unter Tage angekommen, öffnet sich für die Besucher eine in Licht und Farbe getauchte Salzkathedrale. Von dort führt der Weg über eine 34 Meter lange Holzrutsche weiter hinein in die Salzstollen.

In der sogenannten Schatzkammer und dem Salzlabor erfährt man mehr über Geschichte, Entstehung und Funktionen des weißen Goldes. Ein besonderer Höhepunkt: die Fahrt mit einem Floß über den unterirdischen Salzsee, eindrucksvoll inszeniert mit Lichtern und Klängen.

DURCHATMEN TIEF UNTEN IM BERG …

Hier gibt es einen ganz besonderen **Salzheilstollen,** nämlich mitten im Berg! Frei von Umwelteinflüssen werden in 800 Meter Tiefe die Selbstheilungskräfte auf ganz besondere Weise angeregt. Nicht nur bei Atemwegserkrankungen, sondern zum Beispiel auch bei Neurodermitis oder einem Burnout können die Betroffenen dank des „Meeresklimas im Berg" auf Linderung hoffen.

Leise plätschert der Solebrunnen, das Licht der Salzlampen rund um das Solebecken spiegelt sich in den Salzkristallen. Ob Tiefenentspannung, aktive Atemtherapie, Stille im Berg oder nur eine Schnupperstunde – der Rückzug ins Innere des Bergs ist die etwas andere Art der Urlaubsgestaltung.

… UND OBENAUF

Ein findiger Metzgermeister aus der Region nutzt diese Umgebung übrigens, um etwas ganz Besonderes zu kreieren, den **„Salzstollen-Speck".** Bei einem Familienausflug ins Bergwerk hatte Josef Sprenger aus Bischofswiesen quasi eine „Eingebung": „Die kalten Temperaturen und die perfekte Klimatisierung brachten mich auf die Idee", so erzählt er. Zusammen mit den Verantwortlichen des Salzbergwerks entwickelte der Metzgermeister dann seinen „Salzstollen-Speck". „Er schmeckt

Stadtbummel in Berchtesgaden

Ein echtes Schmuckstück, die handgefertigte Lederhose

ähnlich wie der Serrano-Schinken und der mild-würzige italienische Parmaschinken." Und fügt stolz hinzu: „So etwas gibt es im deutschsprachigen Raum sonst nicht."

STADTBUMMEL MIT VIELEN FACETTEN

Wieder oben angekommen, lohnt sich ein Bummel durch die historischen Gassen von Berchtesgaden. Der malerische Ortskern, das königliche Schloss der Wittelsbacher mit seinem sehenswerten Privatmuseum, die 1122 eingeweihte Stiftskirche und das 2013 eröffnete Informationszentrum des Nationalparks Berchtesgaden, das **Haus der Berge**, dürfen bei einem Besuch nicht fehlen. ❸ Ebenso wenig wie ein Einkauf auf dem **Wochenmarkt.**

Jeden ersten und dritten Freitag im Monat gibt es garantiert frische, saisonale und handgemachte Schmankerln. Ob Almkäse, Brennnesselsirup, Honig oder Bärlauchbutter, selbstgemachtes Gulasch oder Rindssuppe nach alten Rezepten im Glas – „Guads von Do" nennt sich die Initiative, die es sich zur Aufgabe

TIPP
KULINARIK

In der Lederstub'n in der Altstadt von Berchtesgaden gibt es eine kleine Speisekarte und wechselnde Tagesgerichte. Alle Gerichte zeichnen sich durch moderne Interpretation und Kombination klassischer Zutaten möglichst aus der Region aus.
https://lederstubn.business.site

gemacht hat, regionale und handwerklich hergestellte Lebensmittel zu vermarkten und so einen wichtigen Beitrag zum Erhalt der heimischen Kulturlandschaft zu leisten.

Und was wäre Berchtesgaden ohne seine **Lederhosen-Macher**: die Familien Stangassinger und Aigner sind für ihre Qualität weit über die Grenzen des Berchtesgadener Lands hinaus bekannt. Die Wartezeiten für eine echte handgemachte, maßgeschneiderte Hirschlederne sind demensprechend lang, die Preise im vierstelligen Bereich. Doch trägt „Mann" dann auch echte Handwerkskunst, Nachhaltigkeit inklusive. Schließlich hält so eine Lederhose ein Leben lang, und „bei uns", so erzählt Engelbert Aigner, „stammt das Hirschleder ausschließlich aus Deutschland und Österreich und es kommen nur schadstofffreie Naturmaterialen und Klebstoffe zum Einsatz."

TIPP
SEHENSWERT

Bad Reichenhall – beliebte Einkaufsstadt, aber vor allem traditionsreicher Kurort, bekannt für seine heilenden Solequellen und Solebäder. Die Kuranlagen, das Gradierhaus und die mittelalterliche Salinenstadt – nur drei der vielen anderen Sehenswürdigkeiten.

www.bad-reichenhall.de/home

TROCKENEN FUSSES MITTEN IM NATIONALPARK

Tradition und Moderne – auch im **Haus der Berge** am Eingang der Marktgemeinde ist das kein Gegensatz. Weit mehr als ein Museum, möchte es seine Besucher sensibilisieren im Umgang mit den Besonderheiten eines Nationalparks. In der Dauerausstellung „Vertikale Wildnis" kann man mit allen Sinnen eintauchen in Deutschlands einzigen Alpen-Nationalpark – vom Grund des Konigsees bis zum Gipfel des mächtigen Watzmanns – und das auf einer stetig ansteigenden Wanderung trockenen Fußes quer durchs ganze Haus. Hohepunkt am Schluss: die sogenannte Bergvitrine. Öffnen sich deren Lamellen, wird der Blick auf den Watzmann frei. Eine wunderbare Brücke zwischen nachgebildeter Natur und dem „echten" Alpennationalpark.

WILDE TIERE, SCHROFFE FELSEN, BEZAUBERNDE ALMEN

4 Imposant steht er da, der mächtige, hölzerne Steinadlerkopf am Beobachtungspunkt im Klausbachtal, gute 20 Minuten Fußmarsch von der Informationsstelle Klausbachhaus entfernt. Ein idealer Standort, um die Könige der Lüfte zu beobachten. Entlang der mächtigen, steil aufragenden Felswände des Hochkalter-Massivs auf der einen Seite und der Reiteralm auf der

Nationalpark-Informationsstelle Klausbachhaus

HIGH LIGHT

4 Nationalpark Berchtesgaden: Die malerische Bindalm

GESCHICHTS-TIPP

EIN HISTORISCHER Aussichtspunkt hoch über Berchtesgaden: das Kehlsteinhaus. 1938 fertiggestellt, war es entgegen weit verbreiteter Annahmen kein Geschenk zu Hitlers 50. Geburtstag im Jahr 1939. Er selbst war nur selten zu Besuch, da ihm die Ausflüge dorthin zu lang und zu riskant erschienen. Nach Kriegsende entging das Kehlsteinhaus dank des persönlichen Einsatzes des damaligen Landrats Jacob der Sprengung durch die Alliierten. Heute kann man das „Eagles Nest" besichtigen. Es ist in seiner ursprünglichen Form als zeitgeschichtliches Monument erhalten und mahnende Erinnerung an die Abgründe der menschenverachtenden NS-Diktatur. Abstatten sollte man auf alle Fälle auch dem Dokumentationszentrum Obersalzberg einen Besuch. Hier wird die Geschichte des Obersalzbergs während der Zeit des Nationalsozialismus und die Verbindung zur gesamten nationalsozialistischen Politik dokumentiert.

www.berchtesgaden.de/kehlsteinhaus

TIPP
ERLEBEN

Über 100 Jahre nach seiner Ausrottung ist der Bartgeier wieder zurück in den deutschen Alpen. In Kooperation mit dem bayerischen Naturschutzverband LBV wurden im Juni 2021 im Nationalpark zwei junge Bartgeier aus spanischer Nachzucht ausgewildert.

www.nationalpark-berchtesgaden.bayern.de

König der Lüfte: der Steinadler

anderen, zieht ein Adlerpaar seine Kreise und nützt die Thermik über den sonnenbeschienenen Hängen, um sich elegant und energiesparend in die Höhe zu schrauben. Ein faszinierendes Schauspiel für jeden, der bei der Adlerwanderung dabei ist. Nationalpark-Ranger Klaus Melde weiß viel zu erzählen und zu erklären über die großen Greifvögel.

Seit 1994 stehen sie im **Nationalpark Berchtesgaden** unter besondere Beobachtung und Schutz. „Zurzeit leben vier Steinadler-Paare im Schutzgebiet", erzählt der Ranger. „Die bleiben sich ein Leben lang treu, und das können bis zu 20 Jahre sein."

Seit dem 1. August 1978 besteht das Schutzgebiet des Alpennationalparks in Berchtesgaden, und seitdem gilt der Grundsatz **„Natur Natur sein lassen"**. Der Nationalpark gliedert sich in die **Kernzone** und die **Pflegezone**, wobei bei der Kernzone die Natur vollkommen sich selbst überlassen und auf menschliches Eingreifen verzichtet wird. Besonders die Kernzone ist für verschiedene **Forschungsprojekte von großer Bedeutung**. Fragen, wie sich die Natur selbst regeneriert oder wie das alpine Ökosystem auf den Klimawandel reagiert, werden beantwortet. Lösungen für einen Schutz der Natur auch außerhalb der Schutzgebiete können so gefunden werden.

Mit einem Wege-Netz von 260 Kilometern ist der Nationalpark ein ideales Revier zum Wandern. Dabei kann man eine unberührte Naturlandschaft hautnah erleben. Darüber hinaus bietet ein Team von gut geschulten Rangern das ganze Jahr spannende Exkursionen zu den unterschiedlichsten Themen an.

Die Einkehr in eine der wunderschön gelegenen Almen ist im Nationalpark ein Muss. Auch heute noch sind viele der sogenannten Kaser während des etwa 100 Tage dauernden Almsommers traditionell

TIPP
PRAKTISCH

Wissenswertes für unterwegs gibt es im Nationalpark Berchtesgaden ab sofort an insgesamt elf Stationen am Malerwinkel-Rundweg am Königssee und im Klausbachtal. Über QR-Codes können sich Besucher mit ihrem Smartphone über aktuelle Themen aus dem Schutzgebiet informieren.

https://blog.berchtesgadener-land.com/2021/03/23/digitale-ranger-nationalpark-berchtesgaden bewirtschaftet und landwirtschaftlich genutzt. Eine der oft herrlich gelegenen und auch gut zu erreichenden Almen herauszugreifen fällt schwer. Ob Kühroint unterhalb vom Watzmann, die Bindalm im Lausbachtal mit herrlichem Blick auf die Reiteralpe oder die Saletalm am Königssee – wer in einem der oft jahrhundertealten Kaser Halt macht, will nach der Brettljausen mit selbstgemachten Käse und Speck samt einem frischen, kühlen Berchtesgadener Bier gar nicht wieder weg.

GIN AUS DEM NATIONALPARK, GEBRANNT IN BERCHTESGADEN

Florian und Martin Beierl, die Inhaber der traditionsreichen **Enzianbrennerei Grassl**, haben eine ganz besondere Beziehung zum Nationalpark. Sie verkaufen nicht nur Hochprozentiges, sondern haben auch ganz besondere Geschichten: zum Beispiel die vom Miner's Gin, den ältesten Wacholderbrennrechten in ganz Bayern und einem damit verbundenen jahrhundertealten Privileg.

Dass der Wacholder auch heute noch im Nationalpark Berchtesgaden genutzt werden darf, ist historisch bedingt: Im frühen 17. Jahrhundert erhielt die Familie Grassl das verbriefte Recht von den Fürstpröbsten, den geistlichen und weltlichen Herren Berchtesgadens, Wacholder, Enzian und Meisterwurz zu brennen. Produziert wird der Gin in den eigenen Brennhütten am Priesberg und am Rossfeld. Auf 1.220 und 1.350 Metern Höhe gelegen, dürften sie wohl die ungewöhnlichsten Produktionsstätten Deutschlands sein.

„Jetzt entsteht ein ganz besonderer Gin in unserem Haus!", freut sich Florian Beierl. Der Miner's Gin ist eine wirkliche Rarität, reift er doch in Steingut-Fässern tief in den Stollen des Salzbergwerks Berchtesgaden. „Die salzige Luft im 250 Millionen alten Salzstock gibt dem Gin den letzten Schliff", erklärt Florian Beierl.

Wacholder für den Miner's Gin

Unterwegs im Wimbachgries

WANDERN AUF DEN SPUREN VON PRINZREGENT LUITPOLD

Wer's „geschichtsträchtig" mag, für den ist eine Wanderung zum „**Wimbach-Schloss**" genau das richtige. In gut 1,5 Stunden vom Parkplatz Wimbachbrücke ist es erreichbar. 1810 fiel es unter die Wittelsbacher Herrschaft und wurde schließlich von König Max II. und dann von Prinzregent Luitpold als Jagdschloss genutzt. Eine schöne Einkehrmöglichkeit mit einer spannenden Speisekarte mitten im Wimbachtal zwischen Watzmann und Hochkalter.

Und dann sollte man auf alle Fälle noch dem eindrucksvollen **Wimbachgries,** ein paar Gehminuten oberhalb vom „Schloss", einen Besuch abstatten. Riesige Schuttströme prägen die Landschaft, oben am Talschluss sind sie gut 1,5 Kilometer breit. Der Schutt ist ständig, aber kaum merklich in Bewegung. Das Wimbachgries, ein einzigartiges Naturphänomen der Nordalpen.

Seine Anziehungskraft hat natürlich auch einen Preis. Rund 1,6 Millionen Menschen strömen jährlich in den Nationalpark. „Der Druck auf Natur und Tierwelt nimmt zu", so Ranger Klaus Mende. „Um so wich-

Ramsau, ein Kleinod im äußersten Südosten Bayerns

tiger ist es, dass sich unsere Besucher an die Spielregeln halten, um dieses einmalige Juwel auch für die kommenden Generationen zu bewahren." Eine vernünftige Besucherlenkung wird die große Aufgabe der kommenden Jahre sein.

DEUTSCHLANDS ERSTES BERGSTEIGERDORF

Apropos Juwel: **Ramsau** am Eingang zum Alpennationalpark Berchtesgaden – umrahmt von den Gebirgsstöcken Watzmann, Hochkalter und Reiteralm sowie den sanften Höhen des Lattengebirges und des Toten Mannes – hat sich einen Großteil seiner jahrhundertealten Kultur, Tradition und Eigenständigkeit bewahrt. Weltberühmt und millionenfach fotografiert: die **Pfarrkirche St. Sebastian** in der Ortsmitte mit den beeindruckenden Apostelfiguren an der Brüstung der Empore. Nicht weniger bekannt: der malerische Hintersee. Beeindruckend das glasklare, smaragdgrüne Wasser, im Uferbereich bizarre Felsen, von dickem Moos überwuchert, eingerahmt von herrlichen Wäldern.

EIN IDYLLISCHER BERGSEE UND EIN URIGES WIRTSHAUS

Nicht umsonst zog der **Hintersee** bereits vor 100 Jahren zahlreiche große **Landschaftsmaler wie Carl Rottmann** an, die die einzigartige Alpenromantik einfangen woll-

TIPP
SEHENSWERT

Die größte Alm in den Berchtesgadener Alpen, die Kallbrunn-Alm, ist historisch bedingt Teil des Stiftes Berchtesgaden und auch heute noch eine bayerische Enklave auf österreichischem Grund. Die Almbauern betreiben zudem eine eigene Käserei.

ten. Ihr damaliger Treffpunkt lag nur unweit vom See, beim heutigen Eingang zum Nationalpark: der **Gasthof Auzinger** am historischen Salzhandelsweg zwischen Berchtesgaden und dem österreichischen Pinzgau, erbaut 1863 anstelle einer Taverne, die 1610 das Schankrecht erhielt. Bis heute ein echtes Traditionswirtshaus, liebevoll bereits in der fünften Generation von der Familie Hillebrand geführt. Die Küche ein Gedicht, ganz zu schweigen von den selbstgemachten Kuchen.

RAMSAUER BERGSTEIGER-LEGENDEN

Natürlich ist die Ramsauer Geschichte geprägt von den umliegenden Bergen. Die berühmtesten Bergsteiger-Söhne: der erwähnte **Johan Grill**, genannt der Kederbacher, und **Hermann Buhl**. Der **Nanga Parbat** war sein Sehnsuchtsberg, 8.125 Meter hoch gilt er als einer der schwierigsten Berge der Welt. Vielen deutschen Expeditionen wurde er zum Verhängnis. Nicht so Hermann Buhl: Am 3. Juli 1953 erreichte er den Gipfel des **Nanga Parbat**. Quasi als Vorbereitung hatte er die **Watzmann-Ostwand bei Nacht und im Winter allein durchstiegen.** Beide haben selbstverständlich auf dem Ramsauer Friedhof mit seinen schmucken, gepflegten Gräbern ihre letzte Ruhestätte gefunden.

Ramsau ist das Dorf mit der wohl höchsten Bergführerdichte in Bayern und ganz Deutschland. Da wundert es nicht, dass die Gemeinde am 16. September 2015 vom Deutschen Alpenverein offiziell als erstes Bergsteigerdorf Deutschlands ausgezeichnet wurde. Bürgermeister Herbert Gschoßmann weist stolz darauf hin: „Um das Prädikat ‚Bergsteigerdorf' zu erlangen, mussten wir uns nicht verbiegen. Bei uns ist kein

Auf dem Ramsauer Friedhof

BRAUCHTUMS-TIPP

FÜR FREUNDE DER ECHTEN, unverfälschten Volksmusik ist der Berggasthof Gerstreit ein Muss. Über einen schönen Spazierweg, den Soleleitungsweg oberhalb von Ramsau, kann man bequem hinwandern, aber auch mit dem Wagen kurvenreich hinauffahren. Von der Terrasse hat man einen herrlichen Blick auf den Watzmann und ins landschaftlich einmalige Wimbachtal. Auch die Küche verwöhnt die Gäste, die selbstgemachten Kuchen sind „legendär". Berühmt sind die Volksmusik-Treffen. Authentisch und ehrlich wird hier musiziert, ein „Ohrenschmaus" für alle Volksmusik-Begeisterten. Und wer will, nimmt noch als Erinnerung ein kleines Andenken mit: ein vom Wirt gewebtes Sitzkissen oder einen schönen Schafwollteppich.

https://berggasthof-gerstreit.de

Platz für Schneekanonen oder Massen- und Eventtourismus. Sanfter Tourismus ist ein Synonym für Ramsau."

RUMMEL STATT RUHE

Und doch treibt die Ramsauer der zunehmende und ausufernde Tagestourismus um. An schönen Wochenenden gibt es rund um den Hintersee kein Durchkommen mehr, geparkt wird ohne Rücksicht auf die Natur, rücksichtslose Wohnmobilfahrer stellen ihre Fahrzeuge auch einfach mitten in Wiesen vom Bauern. „Urlaubsgäste sind uns natürlich willkommen", betont Fritz Rasp, „aber leider haben die Erfahrungen gezeigt, dass sich auch manche Wohnmobilisten nicht an Verbotsschilder halten. Eine Entwicklung, die den Einheimischen große Sorge bereitet." Deshalb appelliert er an die Touristen, sich vernünftig und rücksichtsvoll gegenüber Natur und Mensch zu verhalten. Sonst sei es womöglich mit der „Reisefreiheit" auch einmal vorbei.

Touristenansturm in der Wimbachklamm

Blick auf Bayerns berühmtesten Bergsee

EIN WELTBERÜHMTES ECHO UND LEISE ELEKTROBOOTE

Fast senkrecht fallen die steilen Wände der Berchtesgadener Alpen zum Ufer des **Königssees** 5 hin ab. Wer also die imposante Naturkulisse rund um den bekanntesten Gebirgssee Bayerns entdecken möchte, muss das Boot nehmen – ein Elektroboot. Dank Prinzregent Luitpold übrigens, der Angst hatte, dass das Rotwild in seinem Lieblings-Jagdrevier Reißaus nehmen könnte, wenn knatternde Motoren die Ruhe stören. Seit über 100 Jahren geht es deshalb eher „still" und gemächlich über

Anfahrt auf St. Bartholomä

den See Richtung Halbinsel St. Bartholomä. An Bord lauscht man gespannt den interessanten Ausführungen der Bootsführer, jeder hat da seine ganz eigene Art.

So erfährt man zu Beispiel, dass der Königssee der **einzige fjordartige Gebirgssee** in ganz Mitteleuropa ist, dass er von einem bis weit in das Alpenvorland reichenden **Gletscher geschaffen wurde**, dass bereits 1910 der Königssee als schützenswertes Stück Natur angesehen und der „Pflanzenschonbezirk Berchtesgadener Alpen" geschaffen wurde, und dass der Königssee zu den wenigen Alpenseen gehört, die im Winter in der Regel eisfrei bleiben. Nur bei anhaltend sehr tiefen Temperaturen friert er komplett zu, im Januar 2006 das letzte Mal – der Königssee war über Wochen bis zu 40 Zentimeter tief zugefroren, und Tausende von Menschen nutzten die Gelegenheit über den See zu laufen.

Der Höhepunkt jeder Überfahrt, das **Echo vom Königssee**. Geblasen auf dem Flügelhorn, schallt es von den Felswänden zurück und klingt immer anders. „Je nachdem, wer gerade bläst", sagt Florian Hallinger, der für die Königsseeschifffahrt arbeitet wie auch schon sein Vater und sein Großvater. „Und wie das Wetter ist." Eine halbe Stunde dauert es bis zur die Halbinsel St Bartholomä, hinter der die imposante Watzmann-

Ostwand aufragt. Neben der dem heiligen Bartholomäus gewidmeten barocken Wallfahrtskirche lohnt ein Abstecher ins königliche Jagdschloss, heute ein Wirtshaus mit einem schönen Biergarten, oder zum Fischer vom Königssee. Die in der 400 Jahre alten Räucherkammer verarbeiteten Forellen, Saiblinge und Renken sind echte „Schmankerl“!

KULINARISCH SCHMACKHAFT, DER „SCHWARZREITER“

Eine besondere Spezialität vom Fischermeister Thomas Amort sind seine **„Schwarzreiter“** – Saiblinge, die auf dünnen Holzspießen über einem Haselnussrost geräuchert werden. Eine ganz spezielle Art des Räucherns, die nur hier am Königssee praktiziert wird. Traditionell an Kirchweih (Ende August) serviert der Fischermeister in St. Bartholomä den ersten Schwarzreiter, dann bis einschließlich Weihnachten.

GENUSSVOLLES WANDERN AM „ENDE DER WELT“

Die Weiterfahrt bis „Salet“, dem hinteren Ende des acht Kilometer langen Königssees, dauert 20 Minuten. Ein kurzer Spaziergang, und man ist am herrlichen Obersee, einst durch eine Moräne vom Königssee getrennt. Nach weiteren etwa 30 Gehminuten wartet dann der **Röthbach-Wasserfall**: Über 400 Meter tief stürzen die Wassermassen die Felsen hinab.

Wer über eine gute Kondition verfügt, macht sich von der Bedarfshaltestelle Kessel auf den Weg zur **Königsbachalm und weiter zur Gotzenalm**. Ein Wander-Klassiker im Berchtesgadener Land, gerade wegen des traumhaften Panoramas, das vom Hochkönigsplateau über die Pyramide der Schönfeldspitze bis zur gegenüber fast senkrecht aufragenden Watzmann-Ostwand reicht. Und wem das nicht reicht, der steigt auf die noch wenige Meter höher liegende Aussichtskanzel des Feuerpalfen: Ein traumhafter Blick auf den Königssee und die Zwiebeltürme von St. Bartholomä belohnen die Anstrengung.

DIE KLEINE ROMY IN SCHÖNAU

Zurück am Anleger an der Seelände lässt man all die unschönen Souvenirshops am besten links liegen und schaut auf einen Sprung bei **Romy Schneider** vorbei. Deren Mutter Magda kam mit 14 Jahren zum ersten Mal ins Berchtesgadener Land. 1935 konnte sie sich dann den Traum vom eigenen Haus erfüllen und ihre beiden Kinder Wolfi und Romy wuchsen in Schönau heran.

Romy-Schneider-Ausstellung in Schönau am Königssee

192 Meter tief und
beeindruckend schön:
der Königssee

Bequem und fast geräuschlos auf den Gipfel

Der **alte Bahnhof Königssee** bietet spannende Einblicke in das Leben der weltberühmten Schauspielerin. Neben den üblichen Ausstellungsstücken wird zum Beispiel auch der Laufstall gezeigt, in dem sie und ihr Bruder Wolfi spielten. Bis zu ihrem 19. Lebensjahr blieb Romy in Schönau gemeldet, auch wenn sie von 1955 an immer öfter zu Dreharbeiten unterwegs war.

ZUM SCHLUSS EIN UNVERGESSLICHER BLICK

Die Zeit, in der auch die Bergbahn auf den Hausberg Jenner gebaut wurde. Damals wie heute für den Tourismus ein wichtiges Standbein. Modern, nachhaltig und barrierefrei – die neue **Jennerbahn**. 6 Eine komfortable, nahezu geräuschlose Zehner-Kabinenbahn bringt einen auf 1.800 Meter Seehöhe.

Einen Abstecher sollte man an der Bergstation machen zur offiziellen Informationsstelle des Nationalparks Berchtesgaden **„Das ist der Gipfel"**. Die Ausstellung will den Besuchern die zentralen Botschaften des Nationalparks vermitteln. Und danach der krönende Abschluss kurz vor Sonnenuntergang: Von der Terrasse aus schweift der Blick über die imposanten, im Abendlicht leuchtenden Berchtesgadener Berge hinunter auf den türkis schimmernden **Königssee.**

Das Berchtesgadener Land hat viele Facetten. Für diesen Landstrich kann, ja sollte man sich schon ein paar Tage Zeit nehmen am Ende der Fahrt entlang der Bayerischen Alpen – über die Deutsche Alpenstraße vom Bodensee bis zum Königssee.

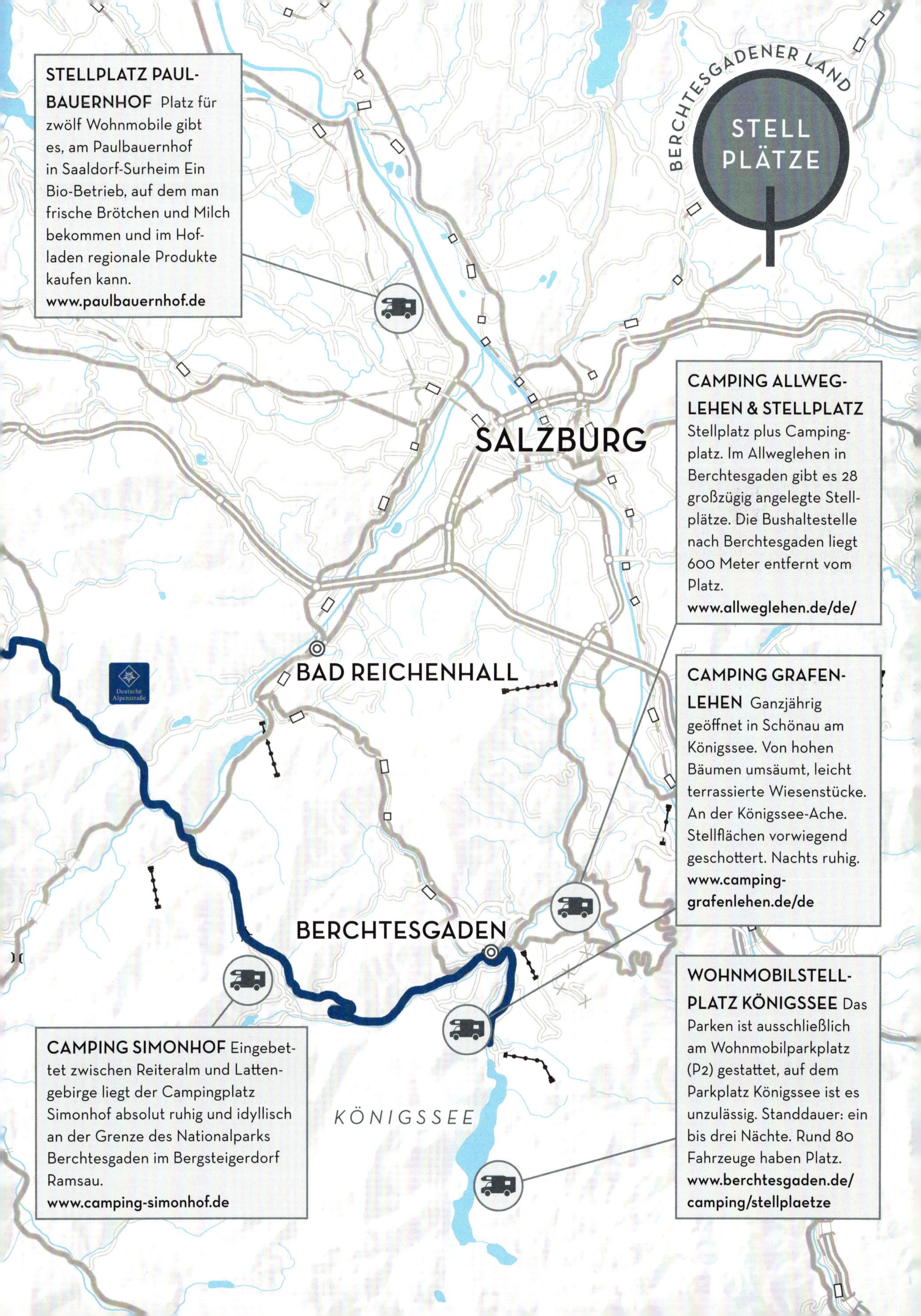

STELLPLATZ PAUL-BAUERNHOF Platz für zwölf Wohnmobile gibt es, am Paulbauernhof in Saaldorf-Surheim Ein Bio-Betrieb, auf dem man frische Brötchen und Milch bekommen und im Hofladen regionale Produkte kaufen kann.
www.paulbauernhof.de

CAMPING ALLWEG-LEHEN & STELLPLATZ Stellplatz plus Campingplatz. Im Allweglehen in Berchtesgaden gibt es 28 großzügig angelegte Stellplätze. Die Bushaltestelle nach Berchtesgaden liegt 600 Meter entfernt vom Platz.
www.allweglehen.de/de/

CAMPING GRAFEN-LEHEN Ganzjährig geöffnet in Schönau am Königssee. Von hohen Bäumen umsäumt, leicht terrassierte Wiesenstücke. An der Königssee-Ache. Stellflächen vorwiegend geschottert. Nachts ruhig.
www.camping-grafenlehen.de/de

CAMPING SIMONHOF Eingebettet zwischen Reiteralm und Lattengebirge liegt der Campingplatz Simonhof absolut ruhig und idyllisch an der Grenze des Nationalparks Berchtesgaden im Bergsteigerdorf Ramsau.
www.camping-simonhof.de

WOHNMOBILSTELL-PLATZ KÖNIGSSEE Das Parken ist ausschließlich am Wohnmobilparkplatz (P2) gestattet, auf dem Parkplatz Königssee ist es unzulässig. Standdauer: ein bis drei Nächte. Rund 80 Fahrzeuge haben Platz.
www.berchtesgaden.de/camping/stellplaetze

Biosphärenregion Berchtesgadener Land

Glückliche Kühe auf der Kammerlingalm

Die Biosphärenregion Berchtesgadener Land ist das einzige von der UNESCO ausgezeichnete alpine Biosphärenreservat in Deutschland. Ein branchenübergreifendes Netzwerk von Unternehmen hat sich nachhaltiges Wirtschaften auf seine Fahnen geschrieben.

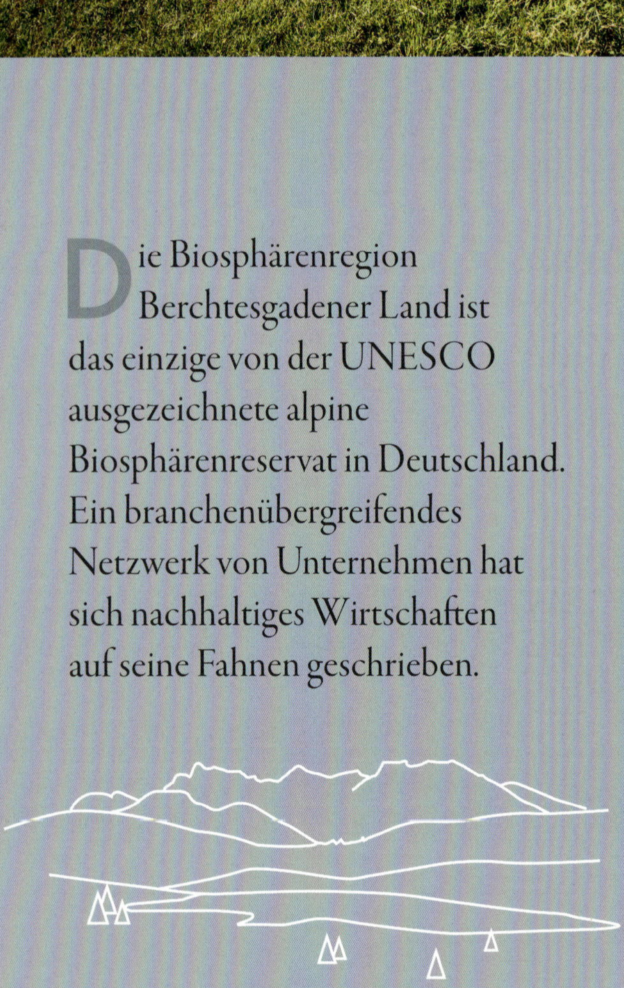

FISCHZUCHT ALPENLAND

Im Bad Reichenhaller Stadtteil Karlstein unterhalb des Thumsees liegt die Fischzucht Alpenland von Michael Dorrer. Im Gegensatz zu vielen herkömmlichen Aquakulturen ist das Futter hier biologisch zertifiziert und frei von Zusätzen. „Wir wollen andere mit unserem Handeln animieren, auch nachhaltig zu wirtschaften", so der Firmenchef. Hauptsächlich werden Elsässer Saiblinge, Bachforellen, Regenbogen-Forellen, Seeforellen und Seesaiblinge gezüchtet, die man im Hofladen kaufen kann.

www.bad-reichenhall.de/fischzucht-dorrer

Brettljause, regional produziert

Nachhaltiges Bierbrauen

HOTEL REHLEGG

Rücksicht nehmen auf die eigene Heimat – das Team vom „Hotel Rehlegg" hat sich der „Nachhaltigkeit" mit „Haut und Haaren" verschrieben: „Nachhaltigkeit und Tourismus passen zusammen, ja, es ist der einzige Weg, um auch der einheimischen Bevölkerung ein gutes Auskommen zu ermöglichen", betont Hotelchef Hannes Lichtmannegger. Der Großteil der Lebensmittel kommt aus der unmittelbaren Umgebung, bei Fleisch und Fisch sind es sogar 95 Prozent. Alles aus artgerechter, kleinbäuerlicher Haltung.
www.rehlegg.de

BRAUEREI WIENINGER

Vor gut 20 Jahren wurde der Laufener Landweizen wiederentdeckt, eine historische Winterweizensorte aus der Grenzregion Rupertiwinkel und Salzburger Alpenvorland. Diese Weizenart ist robust im Wuchs, winterhart und gilt als vergleichsweise anspruchslos. Die Biosphärenregion Berchtesgadener Land sieht ihre Aufgabe auch darin, die Landwirte, die ihn anbauen, zu unterstützen, und so diese alte Sorte langfristig zu erhalten. Der Laufener Landweizen wird zum einen als Mehl und Körner direkt von den Bauern vermarktet, außerdem wird er von mehreren Bäckern verarbeitet und obergäriges Bier aus ihm gebraut.
https://wieninger.de/hoamat

EXTRA

Bildnachweis

akg-images 74; Allgäu GmbH 17 u.; Allgäu GmbH, Erika Spengler 15 Bild 3, 22; Allgäu GmbH, Gerhard Eisenschink 34; Allgäu GmbH, Eren Karaman 12, 24; Allgäu GmbH, Gregor Lengler 18; Allgäu GmbH, Klaus-Peter Kappest 2, 8, 17o., 29; Allgäu GmbH, Marc Oeder 20; Allgäu GmbH, Martin Erd 25; Allgäu GmbH, Martin Reichle 10 u.; Allgäu GmbH, Wolfgang Fallier 15 Bild 2, 19 u.; Alpenregion Tegernsee Schliersee 89 Bild 5, 102; Alpenwelt Karwendel 47 Bild 5, 57, 59, 60, 61o.,62; Ammergauer Alpen GmbH, Mathias Neubauer 49 u.; Anton Brey 47 Bild 2; Archiv FLM Glentleiten, Foto: Christian Bäck 73; Bad Hindelang Tourismus Wolfgang B. Kleiner 15 Bild 4, 21, 27, 28; Bayerische Schlösserverwaltung www.schloesser.bayern.de & Chiemsee-Alpenland Tourismus 116; Bayerische Zugspitzbahn Bergbahn AG-Oliver Heinl 44; bayern.by Udo Bernhart 85r.; Berchtesgaden 141; Berchtesgadener Land 135 Bild 1, Bild 5, Bild 6, 136, 139, 144, 147, 151u., 152, 154, 156, 158; Berlin-Brandenburgisches Wirtschaftsarchiv: Bildarchiv der Philipp Holzmann AG / Hauptverband der Deutschen Bauindustrie e.V. 10 o.l., 10 o.r.; Brauerei Wieninger 159 r.; canadastock/shutterstock.com 142, 148; Chiemsee-Alpenland Tourismus 106, 109 Bild 1, Bild 2, Bild 3, 111, 113o., 113 u., 114, 115, 117, 118, 131r.; Der Tegernsee, Christoph Schempershofe 89 Bild 1, 90, 104; Der Tegernsee, Dietmar Denger 86, 92, 93o.; Der Tegernsee, Hansi Heckmair 98, 105 r.; Der Tegernsee, Isabelle Munstermann 105 l.; Dietmar Denger 100; Eder/shutterstock.com 82 u.; elxeneize/shutterstock.com 132; Florian Leischer 54; Florian Thoma, Chiemsee-Alpenland Tourismus 120; footageclips/Shutterstock.com 66; Foto Kienberger 46; Franz Marc Museum, Kochel a. See Foto Doris Leuschner 69 Bild 2, 71 u.; Füssen Tourismus und Marketing 40; Füssen Tourismus und Marketing_Alexander Frick_ www.hauptlicht.de 6; Füssen Tourismus und Marketing_Christian Anders 38; Füssen Tourismus und Marketing_David Terrey 6, 15 Bild 6, 35, 36; Füssen Tourismus und Marketing_Gerhard Eisenschink 39; Gästeinfo Benediktbeuern Rauscher 69 Bild 4, 76; Gemeinde Weyarn 89 Bild 3, 97; Gemeinde Weyarn, Leonhard Wöhr 96; Georg Grainer 149; Günter Seggebäing 137; H.G.Graser 153; Hari-Pulko Lindau-Tourismus 15 Bild 1, 16; Hoppebräu 93 u.; Hotel Rehlegg 159 l.; Inzell im Chiemgau www.inzell.de 128; Jens Becker/Shutterstock 94; Lederhosen Stangassinger 140; Markt Garmisch-Partenkirchen Marc Hohenleitner 55; Markt Weiler-Simmerberg 19o.; Markus Wasmeier Freilichtmuseum 89 Bild 4, 99; Nationalpark Berchtesgaden 135 Bild 3, Bild 4, 145, 151o.; Naturkäserei Tegernseer Land 89 Bild 2, 91; Nicole Richter 47 Bild 1; Oberammergau Museum 48; Peter von Felbert 78; Pfronten Tourismus 15 Bild 5, 32, 33; pixabay 4m.; pixabay/Antranias 112, 130; pixabay/fcja99 47 Bild 4, 58, 82o.; pixabay/fietzfotos 84; pixabay/gelockt 65l.; pixabay/hypnoseseelenruhig 56; pixabay/Jürgen Haury 5r.; pixabay/katharinissima 85l.; pixabay/kiwibu 69 Bild 1, 70; pixabay/klausbinderphotos 65r.; pixabay/MAKY_OREL 146; pixabay/Micha_WebdesignSchmitt 80; pixabay/Munruthel 119; pixabay/RitaE 77, 150; pixabay/Stefan Schweihofer 50; pixabay/Uwe Vahle 64; Privatarchiv Jürn Ehlers 79 ; Privatarchiv Lustiger Hirsch 43r.; Privatarchiv Markus Nöß 4l., 30o.; Privatarchiv Obere Mühle 42; Privatarchiv Simon Schlachter 43l.; Privatarchiv Steffi Bauer 49o.; Ralf Gerard 9; Ramune Peckyte/Shutterstock.com 131 l.; Ruhpolding Tourismus KU/Andreas Plenk 124, 127o., 127u.; Schlösser-Seenverwaltung 47 Bild 3, 52; Sebastian Voltmer 109 Bild 4, 122 o.; Simon Bauer 69 Bild 3; Simplicissimus/Wikipedia 101; Stadt Sonthofen 26; Stadt Tölz 69 Bild 5; Stockklauser 121, 122u., 123; Südwestdeutsche Salzwerke AG, Salzbergwerk Berchtesgaden 135 Bild 2, 138; Thomas Rychly 72; Tölzer Land Tourismus 81; Tourist Information Kochel a. See - Walchensee Thomas Kujat 71 o.; Vipasana Roy Hündeleskopfhütte 30 u.; Wald1siedel 109 Bild 5, 126; Wolfgang Mayr, Pfronten Tourismus 31; www.inser-hoamat.de Foto Christian Stadler 61 u.

Impressum

Umschlaggestaltung von Studio Gramisci unter Verwendung
eines Fotos von gettyimages / Stefan Kobald / EyeEm : Ansicht des Königsees
Frontispiz Seite 2: Allgäu Viehscheid Obermaiselstein Grasgehren Kühe 2011 @ Allgäu GmbH, Klaus-Peter Kappest
Einband-Rückseite: links: @ Allgäu GmbH, Klaus-Peter Kappest: Allgäu Zeigersattel Seealpsee; rechts oben: © Lederhosen Stangassinger: Handgefertigte Lederhose; rechts unten: @Thomas Rychly: Murnau Unterma

Alle Angaben in diesem Buch erfolgen nach bestem Wissen und Gewissen. Sorgfalt bei der Umsetzung ist indes dennoch geboten. Der Verlag und der Autor übernehmen keinerlei Haftung für Personen-, Sach- oder Vermögensschäden, die aus der Anwendung der vorgestellten Materialien, Methoden oder Informationen entstehen könnten.

FSC www.fsc.org MIX Papier aus verantwortungsvollen Quellen FSC® C004592

Unser gesamtes Programm finden Sie unter:
www.belser.de

Gedruckt auf chlorfrei gebleichtem Papier

ISBN 978-3-7630-2888-7
Projektleitung: Dirk Zimmermann
Lektorat: Sabine Besenfelder
Gestaltung und Satz: Weiß-Freiburg GmbH – Grafik und Buchgestaltung
Produktion: Tatyana Momot
Reproduktionen: Weiß-Freiburg GmbH – Grafik und Buchgestaltung
Druck und Bindung: FIRMENGRUPPE APPL, aprinta druck, Wemding
Printed in Germany/Imprimé en Allemagne